气象公文写作规范与技巧

主　编　赵京波
副主编　李　爽　李春景　张　静　冯　悦
编　者　高　源　豆京华　蒋　硕　李文星　刘娜静

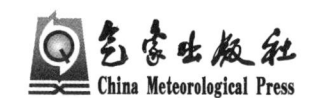

气象出版社
China Meteorological Press

内容简介

公文写作作为各类行政机关、企事业单位工作人员必须具备的一项基本岗位能力，在助力本职工作、服务社会发展方面起着十分重要的作用。

为了帮助气象部门各级行政办公人员进一步提升公文写作能力和水平，《气象公文写作规范与技巧》编写组以2012版《党政机关公文处理工作条例》和《党政机关公文格式》（GB/T 9704—2012）国家标准为依据，在深入研究分析党政机关、企事业单位公文写作实践基础上，编写了本书，旨在介绍党政机关公文写作与处理的新条例、新格式、新要求及新精神，聚焦气象部门工作实际，介绍公文写作中应关注的重点问题。

全书共九章，从公文的历史演变和概念开始，逐步深入到公文的格式、行文规则以及常用公文的写作方法和注意事项等，涵盖的内容主要有公文分类、公文格式、公文写作的基本要求、常用公文的写作要领及规范、常见问题分析、公文办理程序、立卷工作及案卷的整理归档等。

本书内容简明易懂，写作要领简单明了，内容丰富、规范、翔实，公文范例经典实用，是气象部门各级行政办公人员值得参考的工具书。

图书在版编目（CIP）数据

气象公文写作规范与技巧 / 赵京波主编. -- 北京：气象出版社，2022.12（2025.1重印）
ISBN 978-7-5029-7880-8

Ⅰ.①气… Ⅱ.①赵… Ⅲ.①气象－公文－写作 Ⅳ.①C931.46

中国版本图书馆CIP数据核字（2022）第235702号

气象公文写作规范与技巧
QIXIANG GONGWEN XIEZUO GUIFAN YU JIQIAO
主　编　赵京波

出版发行：	气象出版社		
地　　址：	北京市海淀区中关村南大街46号	邮政编码：	100081
电　　话：	010-68407112（总编室）　010-68408042（发行部）		
网　　址：	http://www.qxcbs.com	E-mail：	qxcbs@cma.gov.cn
责任编辑：	杨泽彬	终　　审：	吴晓鹏
责任校对：	张硕杰	责任技编：	赵相宁
封面设计：	楠竹文化		
印　　刷：	三河市君旺印务有限公司		
开　　本：	710 mm×1000 mm　1/16	印　　张：	9
字　　数：	200千字		
版　　次：	2022年12月第1版	印　　次：	2025年1月第2次印刷
定　　价：	68.00元		

本书如存在文字不清、漏印以及缺页、倒页、脱页等，请与本社发行部联系调换。

前　言

随着公文应用范围愈发广泛，认真学好公文写作基本知识、掌握公文写作方法和技巧，对更好开展各项工作、服务经济社会高效发展具有一定的实际意义。

公文是公务文书的简称，是各级党政机关、企事业单位履行职能、处理各种公务、宣传报道的重要工具。公文的规范性代表了机关单位的形象，其文本质量体现了机关单位"以文辅政"的水平。在我国，公文写作作为一种特殊行为活动，古已有之，且历朝历代的施政者都十分重视公文写作，并把它上升到"经国之枢机"的地位。新中国成立以来，有关部门多次制定、发布公文处理方面的法规和标准，公文制度不断完善、规范，这也使得各级行政机关工作人员不得不提升公文写作能力以满足岗位需求。

《气象公文写作规范与技巧》一书以2012版《党政机关公文处理工作条例》和《党政机关公文格式》（GB/T 9704—2012）国家标准为依据，紧密结合党政机关、企事业单位，特别是气象部门公文写作和处理的工作实际，对公文写作的基本知识、常用公文的写作要领及技巧进行了详细的阐述，具有内容紧跟前沿、言必有据，论述深入浅出、简明扼要，范文经典实用、贴近实践三个特点。

本书编写组来自气象部门教育培训一线，部分同志还有着较为丰富的公文写作经验。本书编写过程中注重理论与实践的相互融合，具有更强的针对性、实用性及可操作性，特别适合气象部门公文写作的初学者和进阶者阅读，也适合其他党政机关、企事业单位行政办公人员和写作爱好者阅读，是一本集指导性和实用性于一体的公文写作工具书。

目　　录

前言

第1章　公文概述 ……………………………………………… 1
1.1　公文的历史演变 ………………………………………… 1
1.2　公文的概念 ……………………………………………… 3
1.3　公文的分类 ……………………………………………… 4

第2章　公文的格式 …………………………………………… 6
2.1　公文用纸及版面要求 …………………………………… 6
2.2　公文格式要素 …………………………………………… 6
2.3　几种特定公文格式 ……………………………………… 28
2.4　老办法老格式和新条例新格式的区别 ………………… 35

第3章　公文的行文规则 ……………………………………… 47
3.1　行文关系 ………………………………………………… 47
3.2　行文规则 ………………………………………………… 47

第4章　公文写作 ……………………………………………… 53
4.1　公文写作的特点、要求以及和文学写作的区别 ……… 53
4.2　公文写作的基本要素 …………………………………… 54
4.3　公文写作人员的素养 …………………………………… 58

第5章　几种常用公文的写作 ………………………………… 59
5.1　通知 ……………………………………………………… 59
5.2　通报 ……………………………………………………… 75
5.3　报告 ……………………………………………………… 81
5.4　请示 ……………………………………………………… 90
5.5　批复 ……………………………………………………… 92
5.6　函 ………………………………………………………… 94
5.7　纪要 ……………………………………………………… 95

第6章 公文写作中常见的问题 ········· 99

6.1 公文标题 ········· 99
6.2 主送机关 ········· 99
6.3 正文表述 ········· 100
6.4 附件、附件说明及附注不规范 ········· 100
6.5 其他 ········· 100

第7章 公文办理程序 ········· 103

7.1 收文办理 ········· 103
7.2 发文办理 ········· 104

第8章 公文立卷工作 ········· 105

8.1 案卷 ········· 105
8.2 公文立卷工作的组织 ········· 105
8.3 公文立卷原则 ········· 105
8.4 公文立卷的准备 ········· 105

第9章 案卷整理与归档 ········· 107

9.1 编目成卷 ········· 107
9.2 案卷移交归档 ········· 108

附录A 《党政机关公文处理工作条例》 ········· 109

附录B 《党政机关公文格式》(GB/T 9704—2012) ········· 116

第 1 章 公文概述

应用文的分类如下。

党政机关公文：决议、决定、命令(令)、公报、公告、通告、意见、通知、通报、报告、请示、批复、议案、函、纪要。

事务文书：简报、计划、总结、调查报告、章程、规定、开幕词、闭幕词、讲话稿、会议报告、述职报告、组织鉴定。

司法文书：起诉状、上诉状、申诉状、答辩状、辩护词、调解书、遗嘱等。

财经文书：协议书、合同、项目建议书、可行性研究报告、经济预测报告、经济活动分析报告、纳税检查报告、审计报告、质量检查报告等。

商贸文书：商标、商业广告、商品说明书、招标书、投标书、市场调查报告、市场预测报告等。

科技文书：发刊词、出版说明、序跋、凡例、日记、读书笔记、科技论文、科技报告等。

传播文书：消息、通信、海报、启示、声明等。

礼仪文书：书信类、条据类、邀请类、交往类、庆贺类、哀祭类、联贴类等。

1.1 公文的历史演变

公文萌芽于先秦时期的殷商和战国，发展于秦汉和南北朝，成熟于唐、宋，至明、清，公文文体则呈现出相对稳定状态。在长期的发展过程中，形成了我国公文体的许多优秀传统。

我国最早的公文当推甲骨文书。甲骨卜辞文字虽然简短，但已有了较固定的内部结构，一般包括：前辞、命辞、占辞、验辞 4 部分。这些甲骨文书，多为片言只语，是我国最早公文的萌芽。

《尚书》是我国第一部公文集。其内容包括从尧舜至春秋时代一些君主和大臣的讲话、誓词、政令等，分为"典""谟""诰""誓""训""命"6 类，初步形成了篇章，有比较完整的结构。

到秦代，秦始皇建立了我国第一个统一的封建大帝国，制定了一整套中央集权制度，各类实用公文也大量出现。皇帝要用"制""诏"等，而官员也要用"章""表"等公文向皇帝奏事。

汉承秦制，公文上也有一些新的变化和发展。文书文体的分类制度得以确立，下行文有制、诏、策、戒;上行文有章、表、奏、议、书等,在格式和行文上也做了种种限制。

魏晋南北朝时期,有关公文的著述也多起来。曹丕的《典论·论文》将所有文体分为8类,其中6类是公文,即:奏、议、书、论、铭、诔。其他著述如陆机的《文赋》,南朝任昉的《文章缘起》等,而南朝刘勰的《文心雕龙》则对各类公文体的定义、演变、特征、写法等做了系统而精要的阐述。

唐宋公文文体类别更加繁多,分类更加精细。由北宋姚铉编辑的《唐文粹》,把文体分为22类316小类,其中绝大多数是公文文体。南宋吕祖谦编辑的《宋文鉴》,将文体分为59类,有150卷之多,其中大多数也是公文体,如诏、敕、敕文、批答、御札、奏疏、制策、策问、对问、移文、书判、题跋、谥议、行状、露布等。公文成熟的另一个重要标志是公文的撰写更加规范,文书制度更加严密。如一文一事制度,公文的折叠、批制、誊写、引黄、贴黄、签押、用印、编号、封装、收发、登记、催办等,都有严密的规定。总之,在唐宋时期,不仅公文的类别已臻完整、全面,而且公文的体式、制作和收发制度都已完善、严密,公文体走向了成熟。

明清时期是公文体的稳定发展时期。文体类别与体式略有变化。比如官府行移文书也分上行、下行、平行3类。上行文主要有咨呈、呈状、申状、牒呈、牒上、折等;下行文书主要有制书、命、诏令、诰敕、诰命、批答、黄牒、照令、扎付、下贴等;平行文有咨文、平关、平牒、札子、解牒、移会等。

1912年,"中华民国"南京临时政府公布了新的公文程式,规定国家的公文为令、布告、公函、状、咨、呈、批7种。这在公文发展史上是历史性的变革,使公文体开始朝着现代公文的方向发展。其他一些公文体也随之发生了变革。如称"简札"之类的书信就开始叫书信或"函"等。

北洋政府时期仍采用南京临时政府原定的公文程式,所不同的是,把公文改为13种。1927年国民政府又改公文为10种。此后,国民政府的公文就大体稳定了。

新民主主义革命时期,毛泽东早在1923年到中央担任中央秘书,就负责起草公文、处理文件和保管档案等工作。1931年2月,周恩来邀请瞿秋白撰写了第一份业务文件《文件处置办法》;1938年晋察冀边区行政委员会发布《改革公文程式的理论与实际》,7月,又发布了《公文程式再加改革令》。1942年,陕甘宁边区政府颁发了《陕甘宁边区政府新公文程式》,解放战争后期,又颁布了《陕甘宁边区政府公文处理制度》。1948年东北人民政府办公厅先后发布了《简明公文程式》和《公文处理方法》。同年,华北人民政府先后发出了《公文处理暂行方法》和《办事通则》。这个时期的公文种类和写法较前更为统一和规范。

1951年9月29日,中央人民政府政务院颁布了《公文处理暂行办法》,对公文处理工作的原则、公文的种类、体式及撰写要求等,进一步作了全面、明确的规定。1981年2月27日,国务院办公厅重新发布《国家行政机关公文处理暂行办法》。

1987年2月18日,国务院办公厅发布了《国家行政机关公文处理办法》,该办法在1993年2月11日再次发布,规定公文种类有12类13种。1996年5月3日,中共中央办公厅发布了《中国共产党机关公文处理条例》。2000年8月24日国务院又重新发布了《国家行政机关公文处理办法》。2012年4月16日中共中央办公厅印发、同年7月1日起正式施行的《党政机关公文处理工作条例》,将党政机关公文法规合二为一。相应地,1996年中共中央办公厅发布的《中国共产党机关公文处理条例》和2000年国务院发布的《国家行政机关公文处理办法》停止执行。

《党政机关公文处理工作条例》的实施,进一步推进了党政机关公文处理工作的科学化、制度化、规范化。新条例规定党政机关通用公文种类15种,即决议、决定、命令(令)、公报、公告、通告、意见、通知、通报、报告、请示、批复、议案、函、纪要。从"办法"统一为"条例",提升了其制度等级。比如,在党内法规制度体系中,地位最高的是《党章》,其次是准则,第三是条例。截至2021年底,我们党内共有1部党章,2部准则,24部条例,还有近百部规划、规定、办法、细则等。

1.2 公文的概念

1.2.1 公文的概念

公文即"公务文书"的简称。由中共中央办公厅印发、2012年7月1日起正式施行的《党政机关公文处理工作条例》中规定:"党政机关公文是党政机关实施领导、履行职能、处理公务的具有特定效力和规范体式的文书,是传达贯彻党和国家的方针政策,公布法规和规章,指导、布置和商洽工作,请示和答复问题,报告、通报和交流情况等的重要工具。"这里所讲的"公文"就是"党政机关公文",企事业团体参照执行。

1.2.2 公文的基本含义

(1)公文形成的主体是党政机关。
(2)公文主要作用是实施领导、履行职能、处理公务。
(3)公文是具有特定效力和规范体式的文件材料,这是公文区别于其他文章和图书资料的主要特点。
(4)公文是办理公务的重要工具之一。

1.2.3 公文的特点

(1)鲜明的政治性:直接代表与反映国家政权的阶级属性、政治意向和根本利益。
(2)法定的组织:撰制者必须是根据统治政权立法赋予相应权力和承担相应义务的组织。

(3)法定的权威:代表制发者的权力、意图,具有法律的或行政的权威,有很强的约束力。

(4)特定的体式:撰写与印制有严格的规范和统一的要求。

(5)现实的效用:为解决现实问题而产生,其作用随着目的的实现而消失或转化。

(6)指定的读者:预先确定范围、明确的读者对象。

1.2.4 公文的作用

(1)领导和指导作用。公文是上级机关对下级机关工作进行领导和指导的重要工具。上级机关通过制发公文,传达党的路线方针政策,颁布法律法规,组织开展公务活动等,用以责成下级机关按照所发公文要求予以贯彻落实。公文中的决定、意见、通知、批复等文种,均属于指挥、管理性的下行公文。

(2)规范和约束作用。有些公文本身属于法规性质,有的则是法规的具体化。它们对所涉及的对象都具有强制约束力和规范作用,是个人和单位行动的准绳。

(3)教育和宣传作用。党政机关通过制发公文,在做出工作部署、提出相关任务要求同时,还会结合形势政策,阐明党的路线方针政策及相关法律法规,以达到统一思想认识、增强贯彻执行的自觉性。此外,如表彰或警示通报本身就为了宣传教育而制发。

(4)凭证和记载作用。作为处理公务的专门文书,公文反映了发文机关的意图,具有法定效力,是首发机关做出决策、处理问题、开展工作的依据和凭证。

(5)联系和沟通作用。党政机关、企事业单位等通过互行公文,使得上情下达,下情上报,达到互相交流、沟通信息、了解情况、掌握实情的目的,从而使各项工作得以正常有序开展。

1.3 公文的分类

(1)按其行文关系划分,可分为上行文、下行文、平行文。上行文是指下级机关向上级机关报送的公文,比如议案、请示、报告等。下行文是指上级机关向所属下级机关的行文,比如决议、决定、命令(令)、公报、公告、通告、通知、通报、批复等。平行文指同级机关或不同隶属机关之间的行文,比如函、意见(可以是下行文或上行文)、纪要(可以是下行文或上行文)等。

(2)按其时限要求划分,可分为特急公文、急件公文、常规公文。公文内容是有时限要求的,需迅速传递办理的,称紧急公文。紧急公文可分为特急和急件两种,但这两种紧急公文都应随到随办,时限要求越高的,传递、办理的速度也就要求越快。当然随着社会的发展,对公文的时效要求越来越高,所以即使是常规公文,也应随到随办,以提高办文效率。

(3)按其机密程度划分,可分为绝密公文、机密公文、秘密公文、普通公文。绝密、机密、秘密公文又称保密文件,是指内容涉及党和国家的机密,需要控制知密范围和知密对象的文件。文件的密级越高,传达、阅办、保管的要求也越严。

(4)按其作用划分,可分为指令性公文、指导性公文、周知性公文、商洽性公文、报请性公文。

第 2 章　公文的格式

2012年6月29日,国家质量监督检验检疫总局、国家标准化管理委员会发布了《党政机关公文格式》(GB/T 9704—2012),该标准于2012年7月1日起正式实施(和《党政机关公文处理工作条例》是同一天)。此标准是对国标《国家行政机关公文格式》(GB/T 9704—1999)的修订。

2.1　公文用纸及版面要求

公文用纸:公文用纸一般使用纸张定量为 60～80 g/m² 的胶版印刷纸或复印纸。纸张白度为 80%～90%,横向耐折度≥15 次,不透明度≥85%,pH 值为 7.5～9.5。

幅面尺寸:公文用纸采用 A4 型纸,其成品幅面尺寸为 210 mm×297 mm。

页边与版心尺寸:公文用纸天头(上白边)为 37 mm±1 mm,公文用纸订口(左白边)为 28 mm±1 mm,版心尺寸为 156 mm×225 mm。所以页面设置的页边距应该为:上 37 mm、下 35 mm(297−225−37=35)、左 28 mm、右 26 mm(210−156−28=26),也可以简单点就是上下各 36 mm、左右各 27 mm(见图 2.1.1)。

字体和字号:如无特殊说明,公文格式各要素一般用 3 号仿宋体字。特定情况可以做适当调整。

行数和字数:一般每面排 22 行,每行排 28 个字,并撑满版心。特定情况可以做适当调整(见图 2.1.2)。

装订要求:公文应当左侧装订,订位为两钉外订眼距版面上下边缘各 70 mm 处,允许误差±4 mm。

2.2　公文格式要素

版心内的公文格式各要素划分为版头、主体、版记三部分。公文首页红色分隔线以上的部分称为版头;公文首页红色分隔线(不含)以下、公文末页首条分隔线(不含)以上的部分称为主体;公文末页首条分隔线以下、末条分隔线以上的部分称为版记。页码位于版心外(见图 2.2.1-1、图 2.2.1-2)。

2.2.1　版头部分

版头部分包含:份号、密级和保密期限、紧急程度、发文机关标志、发文字号、签发人、版头分隔线。

第 2 章　公文的格式

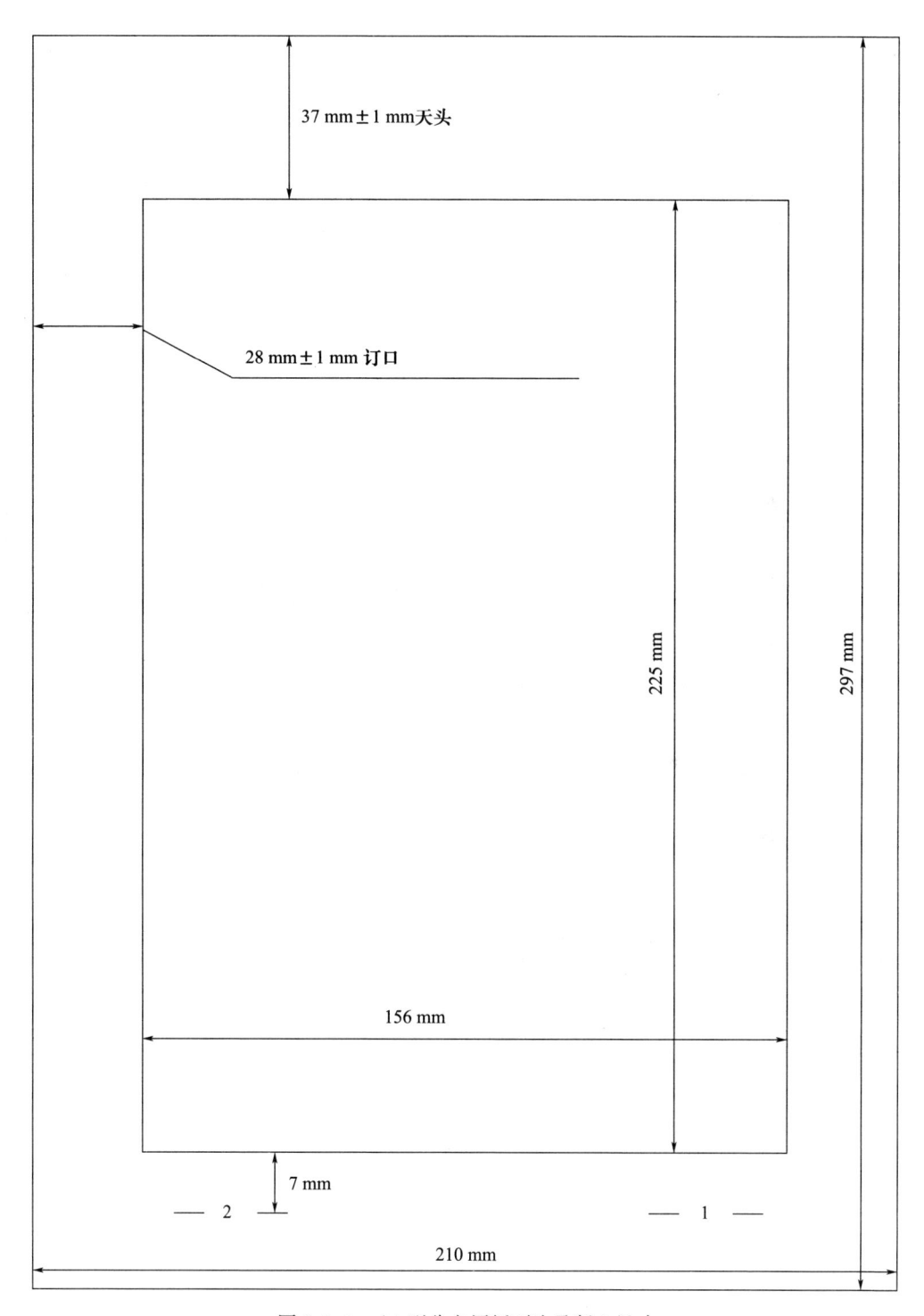

图 2.1.1　A4 型公文用纸页边及版心尺寸

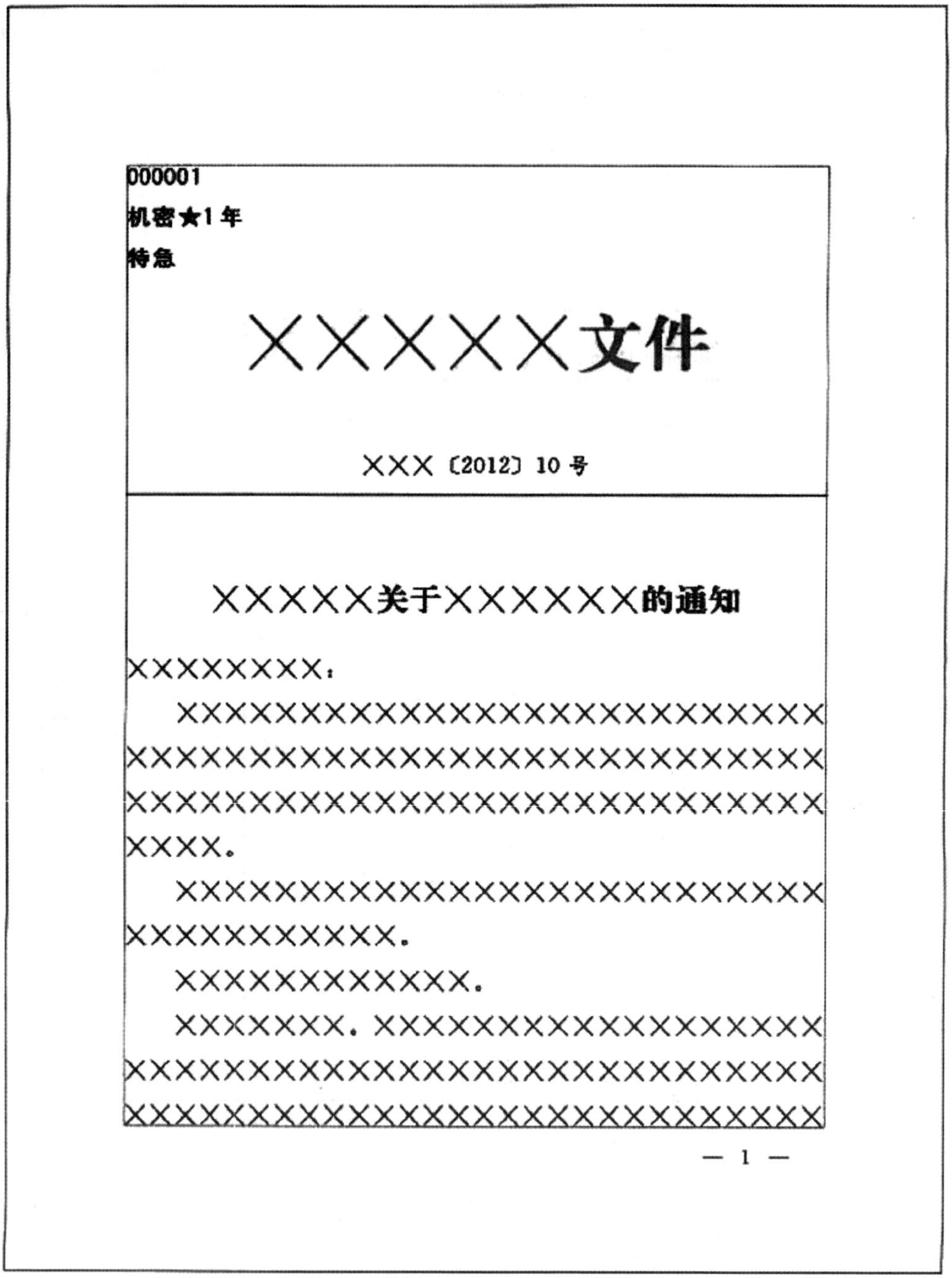

图 2.1.2　A4 型公文格式示例

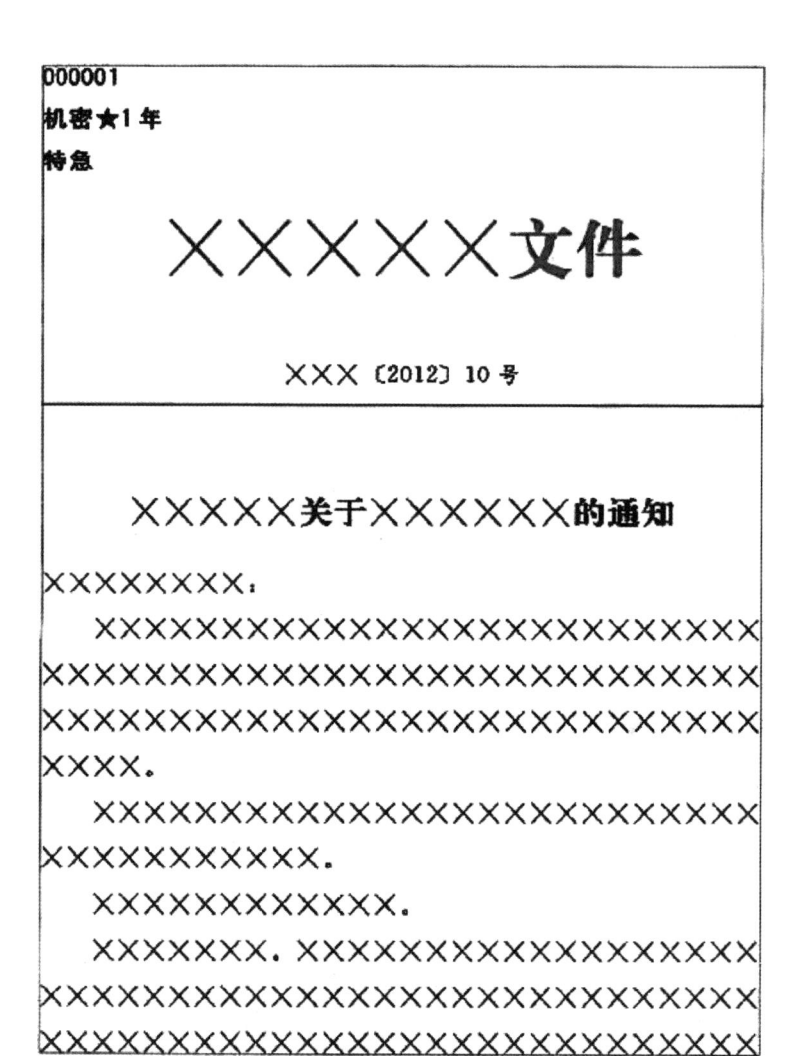

图 2.2.1-1　公文首页版式

图 2.2.1-2　公文末页版式

(1)份号:绝密或机密公文应标明份号,份号是将同一文稿印制若干份时每份公文的顺序编号。一般用6位3号阿拉伯数字,顶格编排在版心左上角第一行。

(2)密级和保密期限:如需标注密级和保密期限,一般用3号黑体字,顶格编排在版心左上角第二行;涉密公文应当根据涉密程度分别标注"绝密""机密""秘密"和保密期限。保密期限中的数字用阿拉伯数字标注,绝密★30年,机密★20年,秘密★10年。

(3)紧急程度:如需标注紧急程度,一般用3号黑体字,顶格编排在版心左上角。紧急公文应当分别标注"特急""加急",电报应当分别标注"特提""特急""加急""平急"。如需同时标注份号、密级和保密期限、紧急程度,按照份号、密级和保密期限、紧急程度的顺序自上而下分行排列。

(4)发文机关标志:由发文机关全称或者规范化简称加"文件"二字组成,也可以使用发文机关全称或者规范化简称。

发文机关标志居中排布,上边缘至版心上边缘为35 mm,推荐使用小标宋体字,颜色为红色,以醒目、美观、庄重为原则。(注:此处没有说明字号。一般是小于上级机关字号,现行"国务院文件"的字号是22 mm×15 mm,大约是初号字,以此为高限,就是要求除"国务院文件"以外,其他各级行政机关标识的字号要小于"国务院文件"使用的字号,以显示国务院作为最高国家行政机关的地位。具体用多大字号,由各行政机关根据机关名称的字数多少来定,一般要小于22 mm×15 mm,以醒目美观为原则。)

联合行文时,如需同时标注联署发文机关名称,一般应当将主办机关名称排列在前;如有"文件"二字,应当置于发文机关名称右侧,以联署发文机关名称为准上下居中排布(见图2.2.2)。

(5)发文字号:编排在发文机关标志下空二行位置,居中排布。年份、发文顺序号用阿拉伯数字标注;年份应标全称,用六角括号"〔〕"括入;发文顺序号不加"第"字,不编虚位(即1不编为01),在阿拉伯数字后加"号"字。

上行文的发文字号居左空一字编排,与最后一个签发人姓名处在同一行(见图2.2.3)。

(6)签发人:上报公文应在发文字号右侧标注签发人,由"签发人"三字加全角冒号和签发人姓名组成,编排在发文机关标志下空二行位置,居右空一字。"签发人"三字用3号仿宋体字,签发人姓名用3号楷体字。

联合上报的公文,应同时标注各联署机关的签发人。签发人姓名按照发文机关的排列顺序从左到右、自上而下依次均匀编排,一般每行排两个姓名,回行时与上一行第一个签发人姓名对齐(见图2.2.4)。

(7)版头中的分隔线:发文字号之下4 mm处居中印一条与版心等宽的红色分隔线(见图2.2.5)。

广 州 市 财 政 局
广 州 市 国 家 税 务 局
广 州 市 地 方 税 务 局 文件
广 州 市 民 政 局

穗财法〔2013〕78号

图 2.2.2　联合行文发文机关格式

×××××××××机关委员会

×××××党发〔2021〕1号

×××××××××机关委员会

×××××党发〔2021〕1号　　　　　　签发人：×××

—1—

图2.2.3　发文字号格式

××××××××气象局

××××发〔2021〕1号　　　　签发人：×××

××××××××气象局
××××××××厅　文件

××××发〔2021〕1号　　　　签发人：××× ×××

图 2.2.4　签发人格式

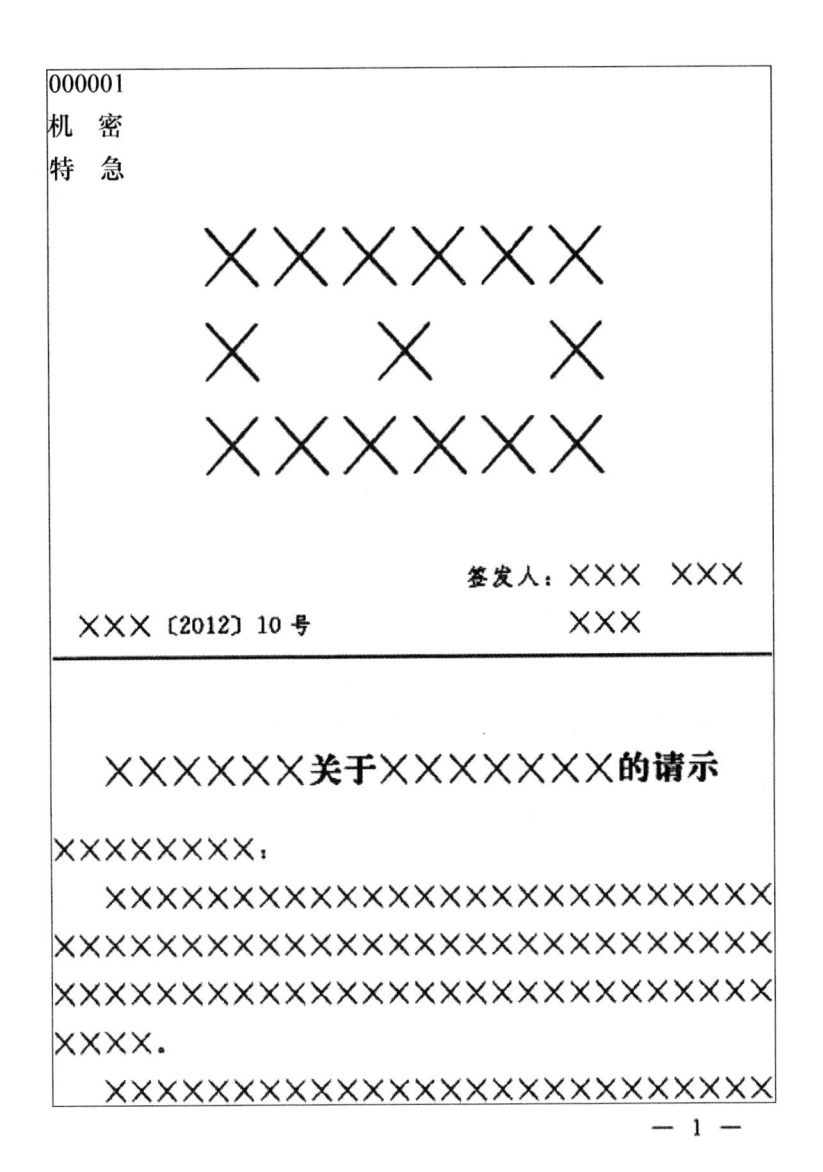

图 2.2.5 版头中的分隔线

2.2.2 主体部分

主体部分包含9个要素,分别是公文标题、主送机关、公文正文、附件说明、发文机关署名、成文日期、印章、附注、附件(见图2.2.6)。

(1)标题:一般用2号小标宋体字,编排于红色分隔线下空二行位置,分一行或多行居中排布;回行时,要做到词意完整、排列对称、长短适宜、间距恰当,标题排列应当使用梯形或菱形(不采用上下长度一样的长方形和上下长、中间短的沙漏型)。公文标题由发文机关名称、发文事由和公文种类3个基本因素构成,不得省略(见图2.2.7)。

(2)主送机关:编排于标题下空一行位置,居左顶格,回行时仍顶格,最后一个机关名称后标全角冒号。如主送机关名称过多导致公文首页不能显示正文时,应当将主送机关名称移至版记。如需把主送机关移至版记,除将"抄送"二字改为"主送"外,编排方法同抄送机关。既有主送机关又有抄送机关时,应当将主送机关置于抄送机关之上一行,之间不加分隔线(见图2.2.8)。

(3)正文:公文首页必须显示正文。一般用3号仿宋体字,编排于主送机关名称下一行,每个自然段左空二字,回行顶格。文中结构层次序数依次可以用"一、""(一)""1.""(1)"标注[切记:"(一)"和"(1)"后边不得再出现标点符号,禁止使用"(一)、"];一般第一层用黑体字,第二层用楷体字,第三层和第四层用仿宋体字标注。

按照公文规范,一般是尽量避免出现第五层、第六层,特别是不能出现第六层。如果不可避免一定要出现,那可以用"第一""第二""第三"或者"一是""二是""三是"来表示。在用"第一""第二""第三"表示顺序时,应在"第一""第二""第三"之后分别用逗号;用"一是""二是""三是"表示顺序时,"一是""二是""三是"之后可不用标点符号,直接连接下文(见图2.2.9)。

(4)附件说明:如有附件,在正文下空一行左空二字编排"附件"二字,后标全角冒号和附件名称。如有多个附件,使用阿拉伯数字标注附件顺序号(如"附件:1.××××");附件名称后不加标点符号。附件名称较长需回行时,应当与上一行附件名称的首字对齐(见图2.2.10)。

(5)发文机关署名、成文日期和印章。

■加盖印章的公文

成文日期一般右空四字编排,印章用红色,不得出现空白印章,盖章规则"上大下小、骑年压月、上不压正文"。

单一机关行文时,一般在成文日期之上、以成文日期为准居中编排发文机关署名,印章端正、居中下压发文机关署名和成文日期,使发文机关署名和成文日期居印章中心偏下位置,印章顶端应当上距正文(或附件说明)一行之内。

第 2 章　公文的格式

主送机关: 公文的主要受理机关；标题下空 1 行

标题: 发文机关+事由+文种

正文: 公文主体,用表述公文内容

附件说明: 在正文末、成文日期之上,空 1 行,前空 2 字,标明顺序

印章: 印章用红色,规则"上大下小、骑年压月、上不压正文"

附注: 成文日期下一行,前空 2 字加圆括号编排

××××××关于××××××的通知

各处、室:

　　为持续推动××××××,切实××××××,按照×××××××要求,今年将继续开展××××××活动。现将有关工作通知如下。

　　××××××……………………

　　附件: 1.××××××××××

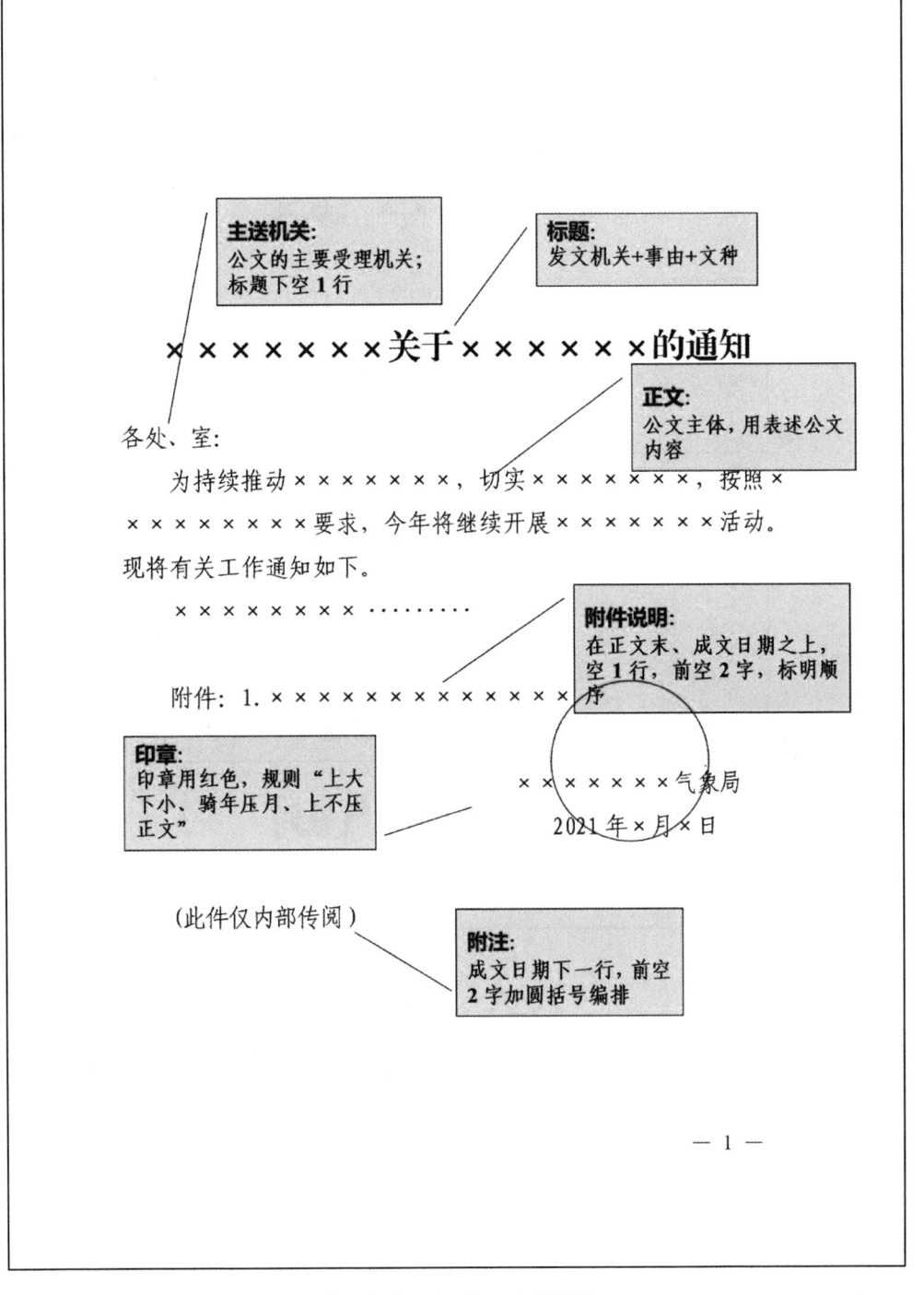

　　　　　　　　　　　　　××××××气象局
　　　　　　　　　　　　　2021 年×月×日

（此件仅内部传阅）

图 2.2.6　主体部分的各要素

×××××××气象局

××××发〔2021〕3号

×××××气象局关于印发×××
活动方案的通知

×××××××气象局

××××发〔2021〕1号

×××××××气象局
关于开展××××活动的通知

×××××××气象局

××××发〔2021〕2号

×××××××气象局
关于印发××××××××××
应急方案（修订稿）的通知

图 2.2.7　标题格式

××××××气象局关于开展
××××××××××活动的通知

各市气象局，各直属单位，各内设机构：
　　现将《××××××××××××××××××
×》印发给你们，请各单位结合实际认真贯彻落实。

主送：XXXXXXX，XXXXXX，XXXXXX，XXXXXX，XXXXXXXXX，XXXXXXXXX，
　　　XXXXX，XXXXXXXXX。
抄送：XXXXXXX，XXXXXX，XXXXXX，XXXXXX，XXXXXXXXX，XXXXXXXXX，
　　　XXXXX。
XXXXXXX···············XXXX 年 X 月 XX 日印发

图 2.2.8　主送机关格式

××××××××气象局

×××××发〔2021〕1号

×××××气象局关于印发××××活动方案的通知

各直属单位:

为××××××××××,按照××××××××××要求,定于××××年×月举办×××××××活动,现通知如下:

一、总体要求

坚持××××××××××为指导,××××××××××

(一)×××××

1.×××××。

二、总体目标

— 1 —

图 2.2.9　正文格式

```
    ×××××××××××××××××××××××××××
　××××××××××××××××××××××××××
××××××××××。
　　请各单位以××××××××××为指导，结合本单位实际，
切实开展××××××××××工作。

　　附件：1.××××××××××
　　　　　2.××××××××××


                        ××××××××气象局
                         ××××年×月×日




—2—
```

图 2.2.10　附件格式

联合行文时，一般将各发文机关署名按照发文机关顺序整齐排列在相应位置，并将印章一一对应、端正、居中下压发文机关署名，最后一个印章端正、居中下压发文机关署名和成文日期，印章之间排列整齐、互不相交或相切，每排印章两端不得超出版心，首排印章顶端应当上距正文（或附件说明）一行之内（见图2.2.11-1～2.2.11-3）。

■不加盖印章的公文

单一机关行文时，在正文（或附件说明）下空一行右空二字编排发文机关署名，在发文机关署名下一行编排成文日期，首字比发文机关署名首字右移二字，如成文日期长于发文机关署名，应当使成文日期右空二字编排，并相应增加发文机关署名右空字数。

联合行文时，应当先编排主办机关署名，其余发文机关署名依次向下编排（见图2.2.12）。

■加盖签发人签名章的公文

单一机关制发的公文加盖签发人签名章时，在正文（或附件说明）下空二行右空四字加盖签发人签名章，签名章左空二字标注签发人职务，以签名章为准上下居中排布。在签发人签名章下空一行右空四字编排成文日期。

联合行文时，应当先编排主办机关签发人职务、签名章，其余机关签发人职务、签名章依次向下编排，与主办机关签发人职务、签名章上下对齐；每行只编排一个机关的签发人职务、签名章；签发人职务应当标注全称。签名章一般用红色（见图2.2.13）。

■成文日期中的数字

用阿拉伯数字将年、月、日标全，年份应标全称，月、日不编虚位（即1不编为01）。

■特殊情况说明

当公文排版后所剩空白处不能容下印章或签发人签名章、成文日期时，可以采取调整行距、字距的措施解决。

为什么会有不加盖印章的公文？什么情况下不加盖印章？《党政机关公文处理工作条例》第九条第十三款规定："公文中有发文机关署名的，应当加盖发文机关印章，并与署名机关相符。有特定发文机关标志的普发性公文和电报可以不加盖印章"。通俗地说就是有规范的发文机关标志（红头文件），文件是下发至管辖范围内各有关单位的（不是针对个别或某个单位下发），这就是有特定发文机关标志的普发性公文。再通俗地讲普发性公文指没有特定的主送机关，文尾注明：此件发至县级、科级等，或在新闻媒体上公开发表。

一般来讲：

- 属公文特定格式的"会议纪要"不加盖机关印章；
- 命令（令）、议案须由领导人签署（或加盖领导人签名章），但不加盖机关印章；
- 法定会议通过的决议类公文不加盖机关印章；
- 联合上报的公文，协办机关可以不盖章。

图 2.2.11-1　印章的格式

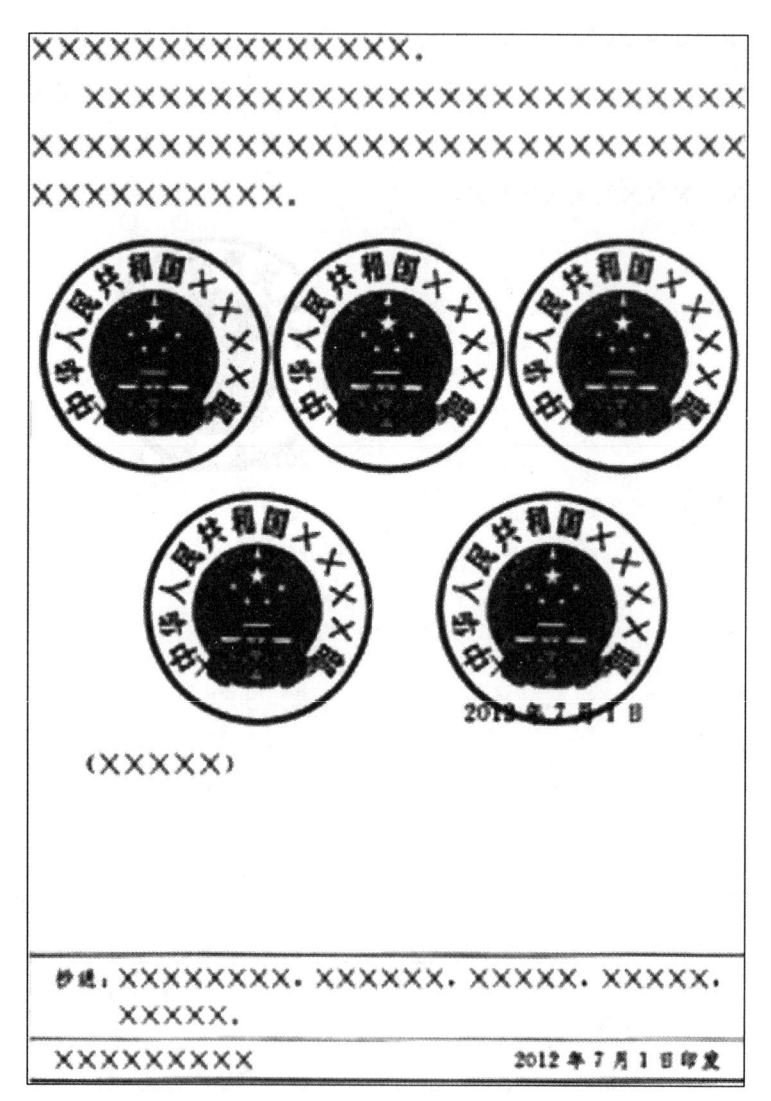

图 2.2.11-2　印章的格式

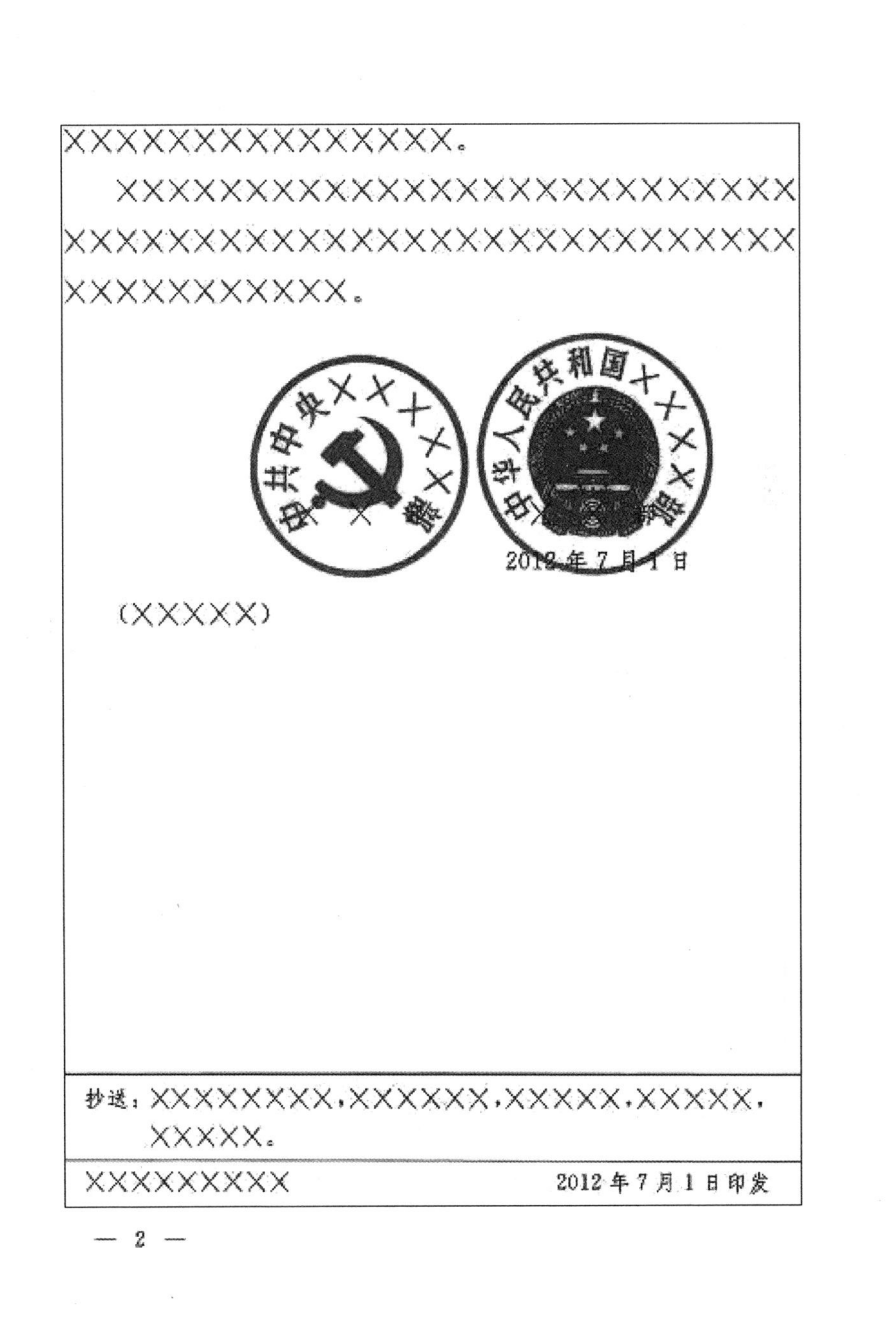

图 2.2.11-3　印章的格式

```
  ××××××××××××
    ××××××××××××××××××××××××××
××××××××××××××××××××××××××××××
××××××××××

   附件：1. ××××××××××××××××××××
        ××××
      2. ××××××××××

                      ××××××
                      ×  ×  ×  ×
                        2012 年 7 月 1 日
(×××××)




                    — 2 —
```

图 2.2.12　不加盖印章的格式

图 2.2.13　加盖签发人签名章

(6)附注

附注主要用于说明公文的发送、阅读、传达范围。如有附注,居左空二字加圆括号编排在成文日期下一行。请示性的公文应当在附注处注明联系人和联系电话(见图 2.2.14)。

(7)附件

附件应当另面编排,并在版记之前,与公文正文一起装订。"附件"二字及附件顺序号用 3 号黑体字顶格编排在版心左上角第一行。附件标题居中编排在版心第三行。附件顺序号和附件标题应当与附件说明的表述一致。附件格式要求同正文。

如附件与正文不能一起装订,应当在附件左上角第一行顶格编排公文的发文字号并在其后标注"附件"二字及附件顺序号(见图 2.2.15)。

2.2.3 版记部分

(1)版记中的分隔线:版记中的分隔线与版心等宽,首条分隔线和末条分隔线用粗线(推荐高度为 0.35 mm),中间的分隔线用细线(推荐高度为 0.25 mm)。首条分隔线位于版记中第一个要素之上,末条分隔线与公文最后一面的版心下边缘重合。

(2)抄送机关:如有抄送机关,一般用 4 号仿宋体字,在印发机关和印发日期之上一行、左右各空一字编排。"抄送"二字后加全角冒号和抄送机关名称,回行时与冒号后的首字对齐,最后一个抄送机关名称后标句号。

(3)印发机关和印发日期:印发机关和印发日期一般用 4 号仿宋体字,编排在末条分隔线之上,印发机关左空一字,印发日期右空一字,用阿拉伯数字将年、月、日标全,年份应标全称,月、日不编虚位(即 1 不编为 01),后加"印发"二字。

版记中如有其他要素,应当将其与印发机关和印发日期用一条细分隔线隔开(见图 2.2.16)。

2.2.4 页码

一般用 4 号半角宋体阿拉伯数字,编排在公文版心下边缘之下,数字左右各放一条一字线;一字线上距版心下边缘 7 mm。单页码居右空一字,双页码居左空一字。公文的版记页前有空白页的,空白页和版记页均不编排页码。公文的附件与正文一起装订时,页码应当连续编排。不一起装订时,附件页码单独排列(见图 2.2.17)。

以上就是公文格式所有要素及其相关要求(见图 2.2.18-1、图 2.2.18-2)。

2.3 几种特定公文格式

2.3.1 函格式

发文机关标志使用发文机关全称或者规范化简称,居中排布,上边缘至上页边为 30 mm,推荐使用红色小标宋体字。联合行文时,使用主办机关标志。

```
××××××××××××××××××××××××
××××××××××××××××××××××××
×××××××××。
妥否,请批示。

附件:1.××××××××
    2.××××××××

                    ××××××××气象局
                    ×××年×月×日
(联系人:×××,联系方式××××-××××××××)
```

```
××××××××××××××××××××××××
××××××××××××××××××××××××
×××××××××。
请各单位以××××××××××为指导,结合本单位实际,
切实开展××××××××××工作。

附件:1.××××××××
    2.××××××××

                    ××××××××气象局
                    ×××年×月×日

(此件下发至各直属单位)
```

图 2.2.14　附注的格式

×××××××××××××××××××××
×××××××××××××××××××
×××××××。
　妥否，请批示。

　附件：1. ×××××××
　　　　2. ××××××

　　　　　　　　　　　××××××气象局
　　　　　　　　　　　　××××年×月×日
（联系人：×××，联系方式××××-××××××××）

附件1

×××××方案

　××××××××××，××××××××××××××××××××。

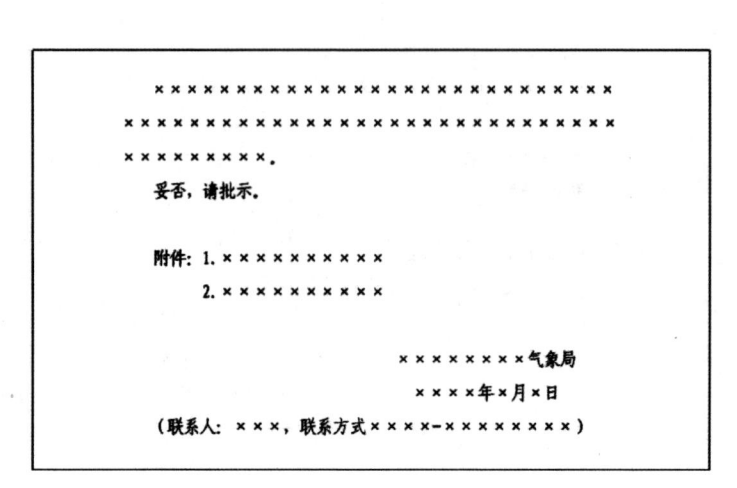

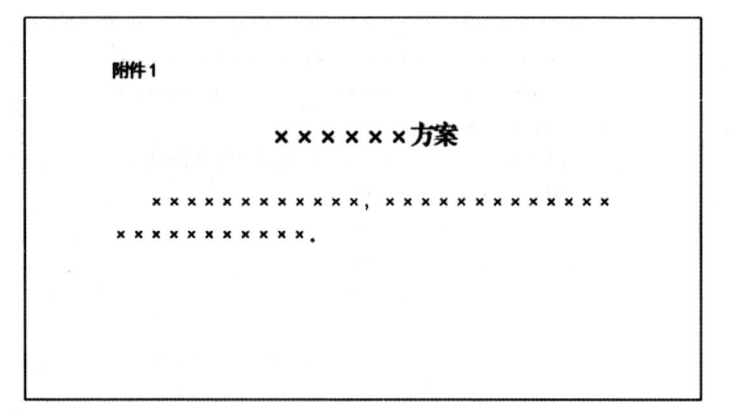

图 2.2.15　附件的格式

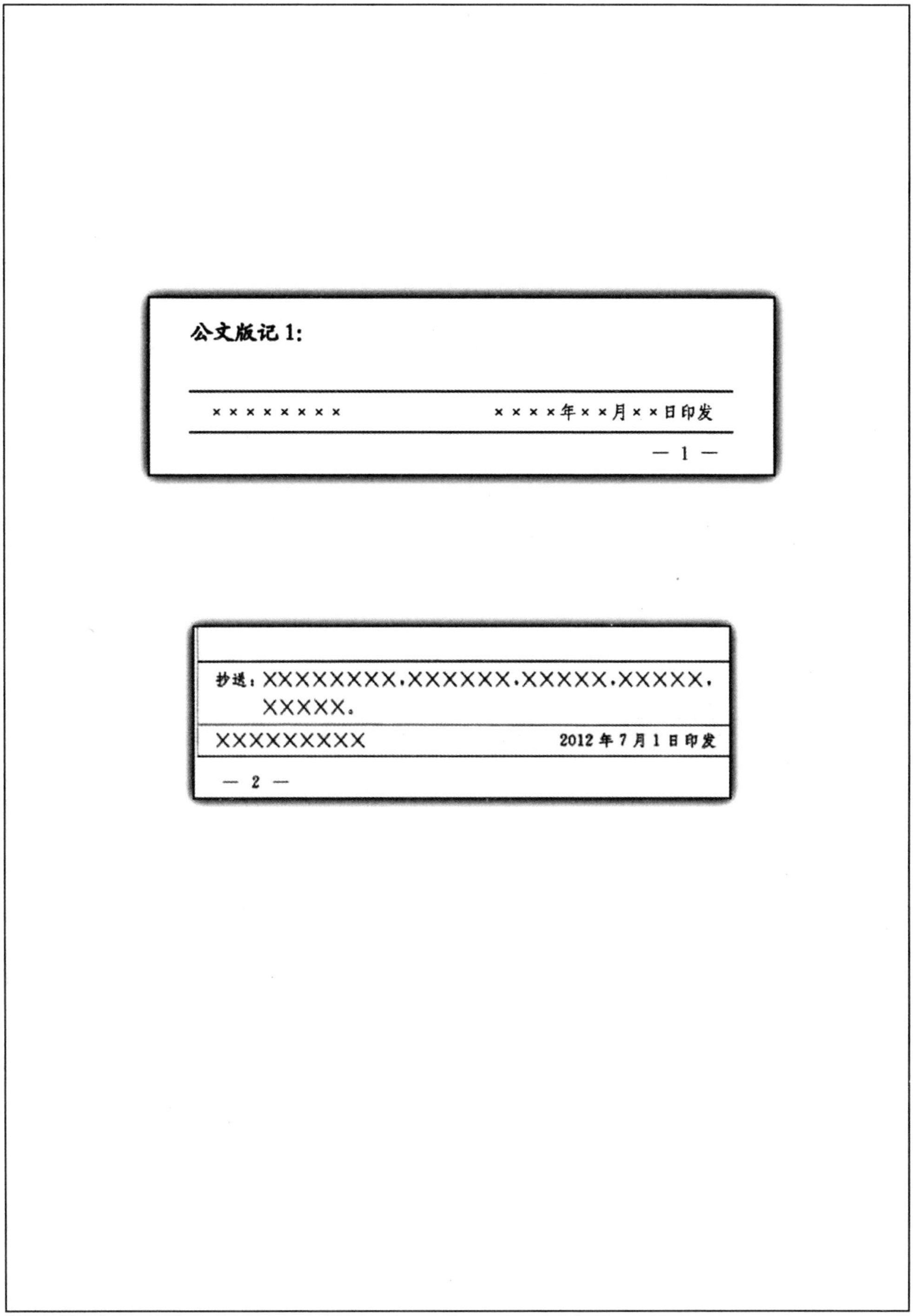

图 2.2.16　版记部分格式

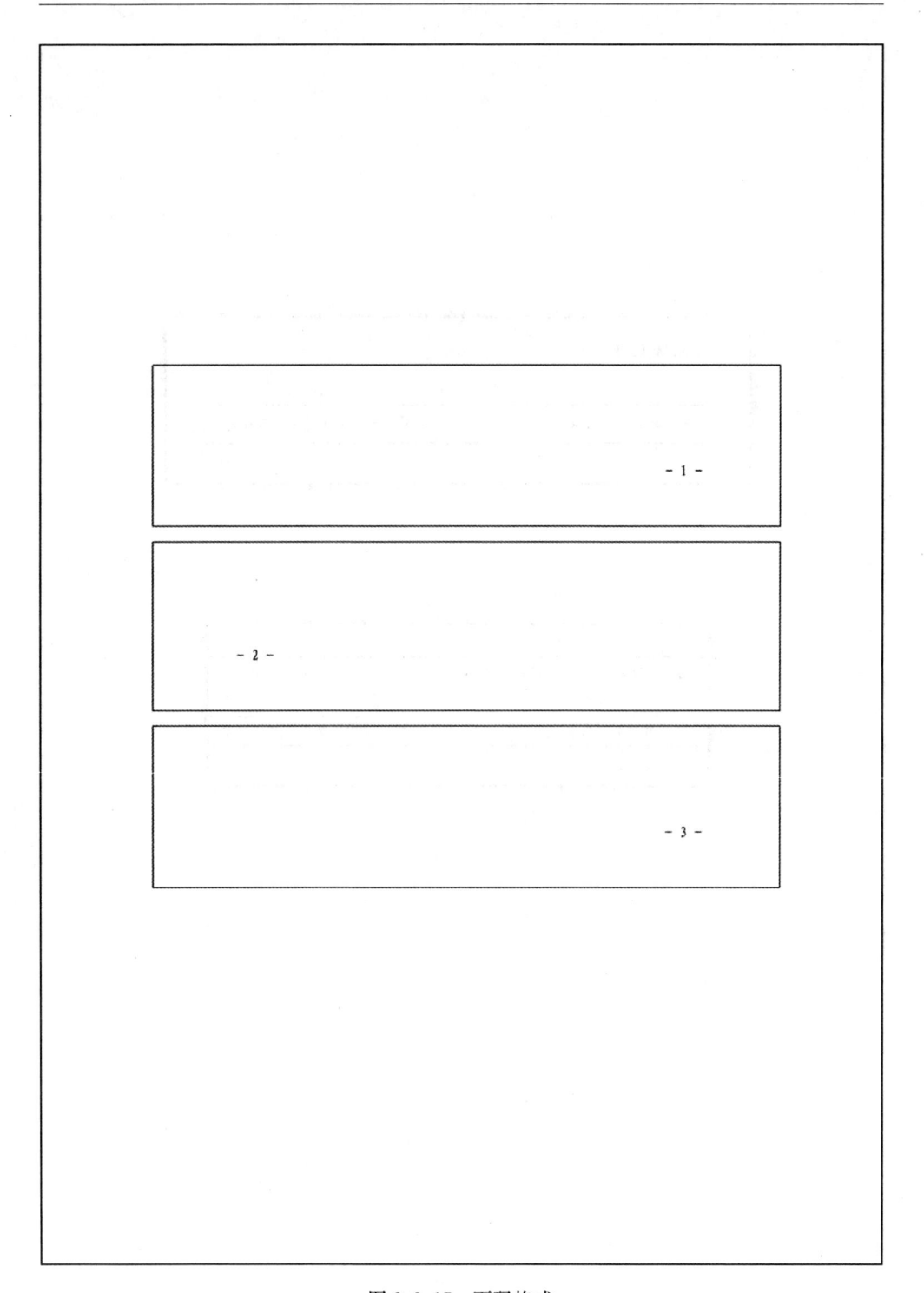

图 2.2.17　页码格式

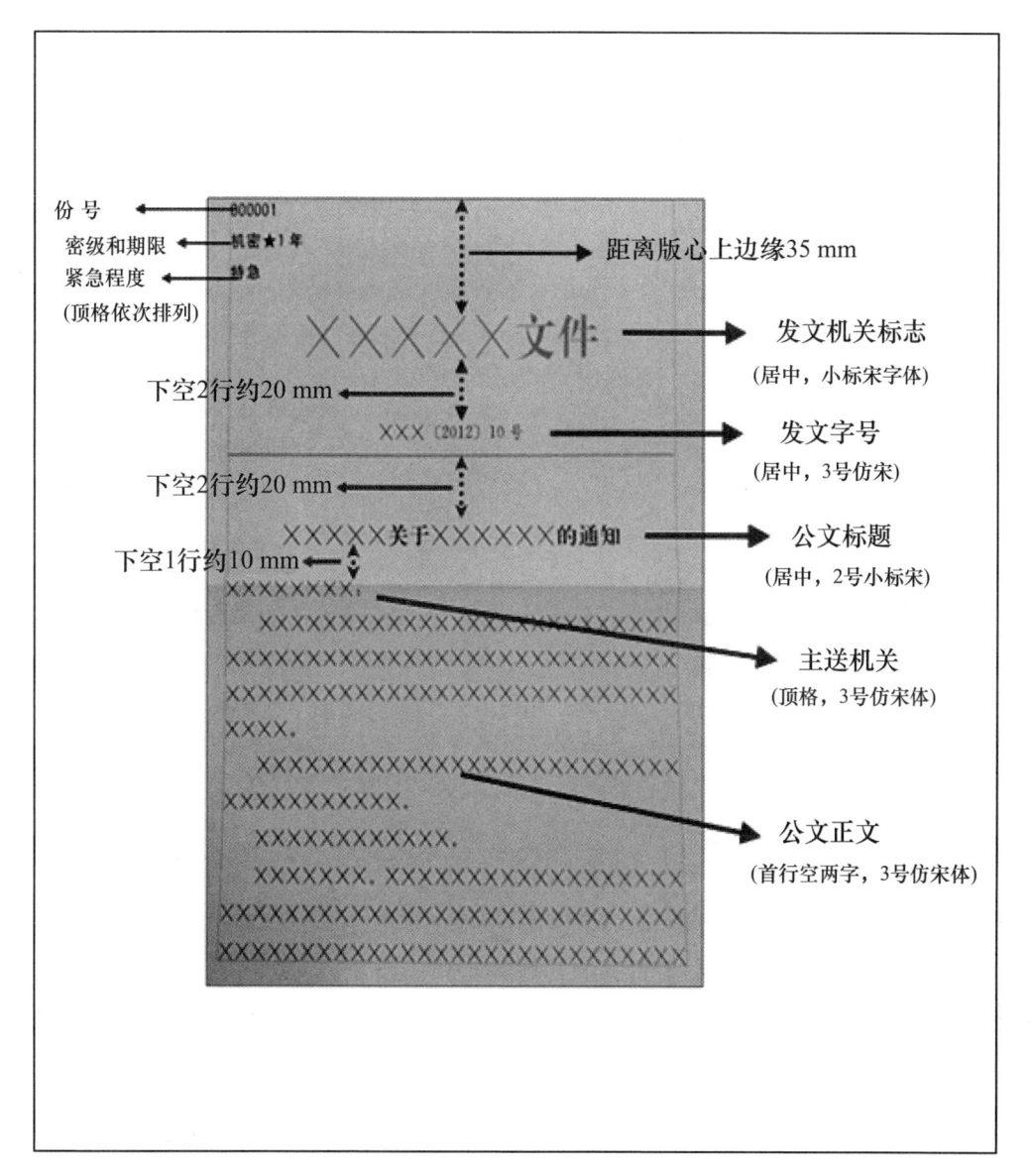

图 2.2.18-1　首页总体格式

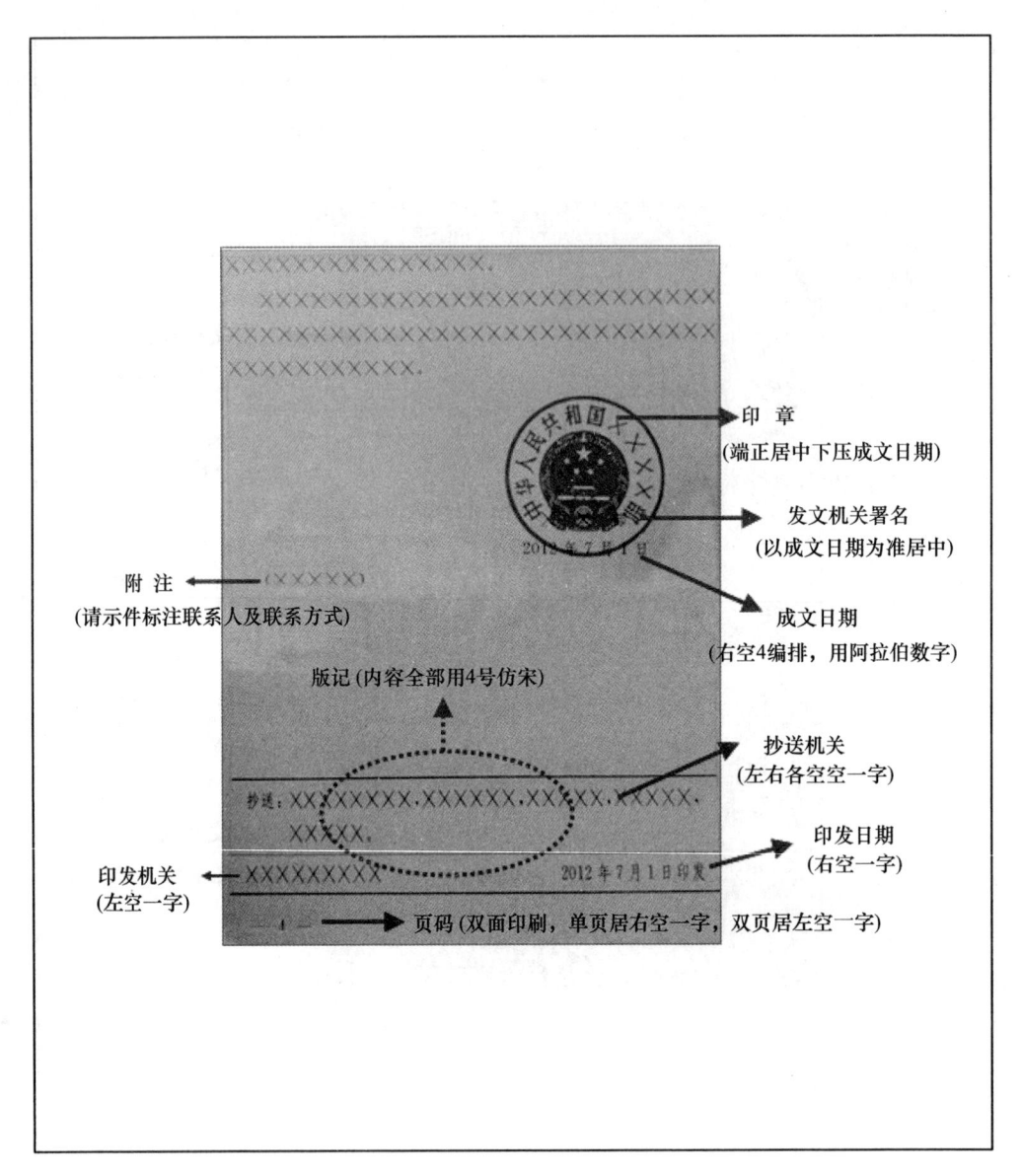

图 2.2.18-2　末页总体格式

发文机关标志下 4 mm 处印一条红色双线（上粗下细），距下页边 20 mm 处印一条红色双线（上细下粗），线长均为 170 mm，居中排布。

如需标注份号、密级和保密期限、紧急程度，应当顶格居版心左边缘编排在第一条红色双线下，按照份号、密级和保密期限、紧急程度的顺序自上而下分行排列，第一个要素与该线的距离为 3 号汉字高度的 7/8。

发文字号顶格居版心右边缘编排在第一条红色双线下，与该线的距离为 3 号汉字高度的 7/8。

标题居中编排，与其上最后一个要素相距二行。

第二条红色双线上一行如有文字，与该线的距离为 3 号汉字高度的 7/8。

首页不显示页码。

版记不加印发机关和印发日期、分隔线，位于公文最后一面版心内最下方（见图 2.3.1-1、图 2.3.1-2、图 2.3.2-1、图 2.3.2-2）。

2.3.2 命令（令）格式

发文机关标志由发文机关全称加"命令"或"令"字组成，居中排布，上边缘至版心上边缘为 20 mm，推荐使用红色小标宋体字。

发文机关标志下空二行居中编排令号，令号下空二行编排正文。

签发人职务、签名章和成文日期的编排如前所述（见图 2.3.3）。

2.3.3 纪要格式

纪要标志由"×××××纪要"组成，居中排布，上边缘至版心上边缘为 35 mm（一般文件的发文机关标志位置），推荐使用红色小标宋体字。

标注出席人员名单，一般用 3 号黑体字，在正文或附件说明下空一行左空二字编排"出席"二字，后标全角冒号，冒号后用 3 号仿宋体字标注出席人单位、姓名，回行时与冒号后的首字对齐。

标注请假和列席人员名单，除依次另起一行并将"出席"二字改为"请假"或"列席"外，编排方法同出席人员名单。

纪要格式可以根据实际制定（见图 2.3.4-1～2.3.4-4）。

2.4 老办法老格式和新条例新格式的区别

2000 年 8 月 24 日国务院发布的《国家行政机关公文处理办法》和 1999 年实施的《国家行政机关公文格式》（GB/T 9704—1999），以下分别简称老办法、老格式。

2012 年 7 月 1 日起正式施行的《党政机关公文处理工作条例》和国家标准《党政机关公文格式》（GB/T 9704—2012），以下分别简称新条例、新格式。相比较而言，老办法、老格式和新条例、新格式中公文格式要素主要有以下一些变化：

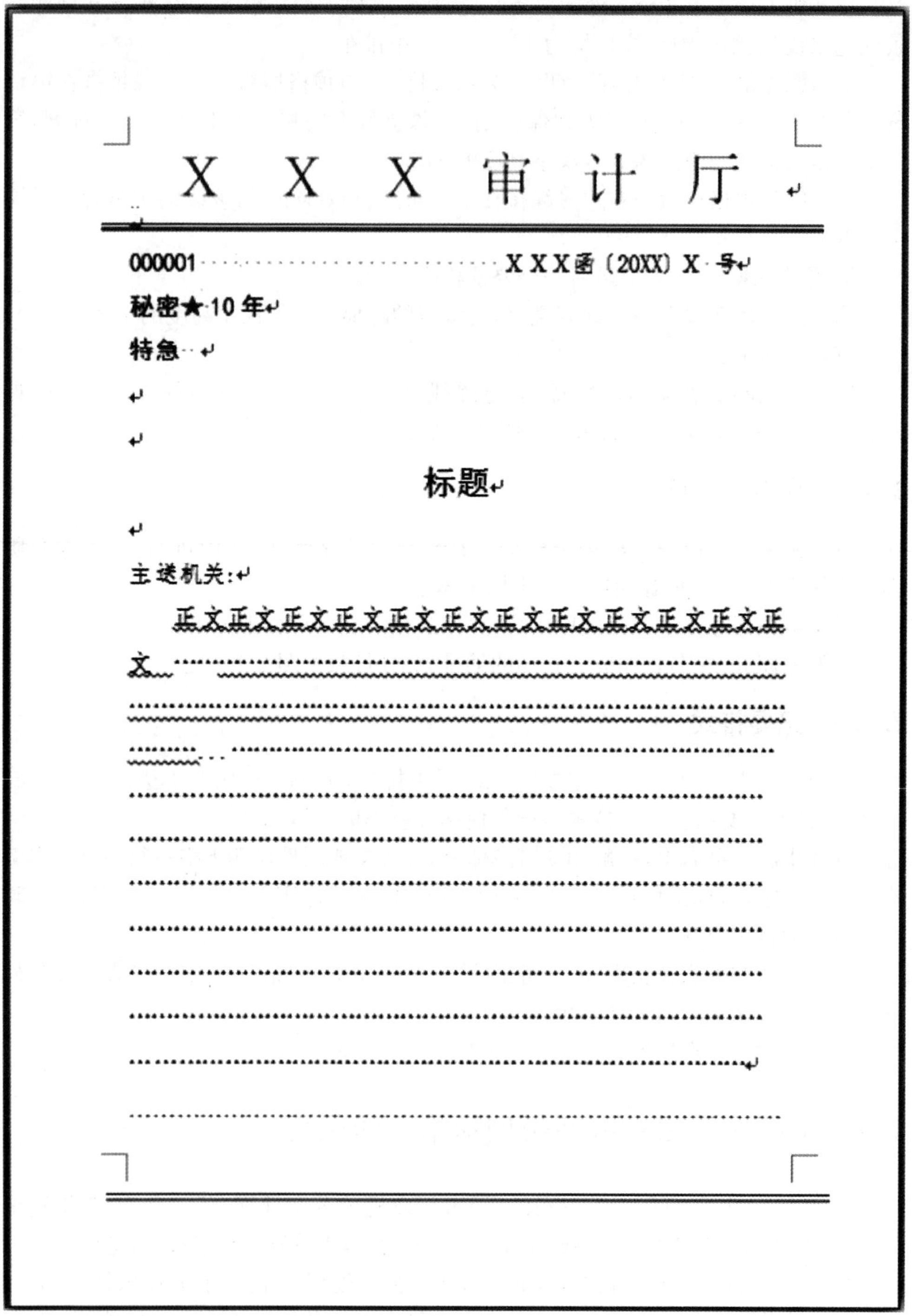

X X X 审 计 厅

000001 X X X函〔20XX〕X 号

秘密★10年

特急

标题

主送机关:

正文正文正文正文正文正文正文正文正文正文正文正文正文正文正文……

图 2.3.1-1 “函”的首页格式(1)

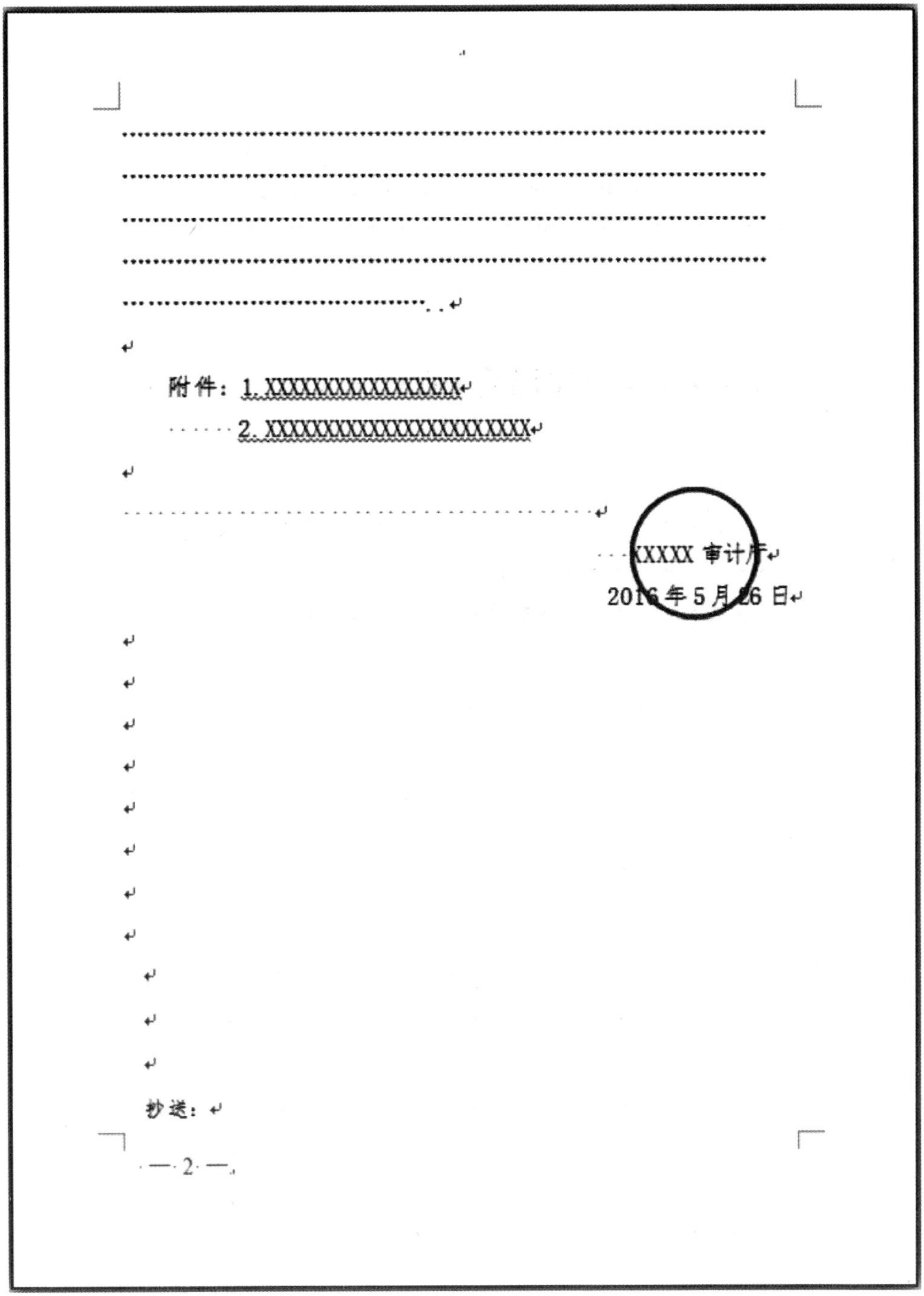

图 2.3.1-2 "函"的末页格式(1)

×××××××××气象局

×××××函〔2021〕××号

×××××气象局关于报送×××××的函

×××××处：

　　按照××××××××××要求，我单位完成×××××××××××××工作。

　　现将××××××有关资料报上，请审核。

　　附件：1. ××××××××××××××××××××××××××××××××××××

　　　　　2. ××××××××××××××××××××××××××××××××××××

　　　　　3. ××××××××××××××××××××××××××××××××××××

　　　　　4. ××××××××××××××××××××××××××××××××××××

　　　　　5. ××××××××××××××××××××××××××××××××××××

　　　　　6. ××××××××××××××××××××××××××××××××××××

图 2.3.2-1 "函"的首页格式(2)

7. ××××××××××××××××××××××××××
　　××××××××××××××××××
8. ××××××××××××××××××××××××
　　××××××××××××××××××

　　　　　　　　　　××××××××气象局
　　　　　　　　　　×××年×月×日

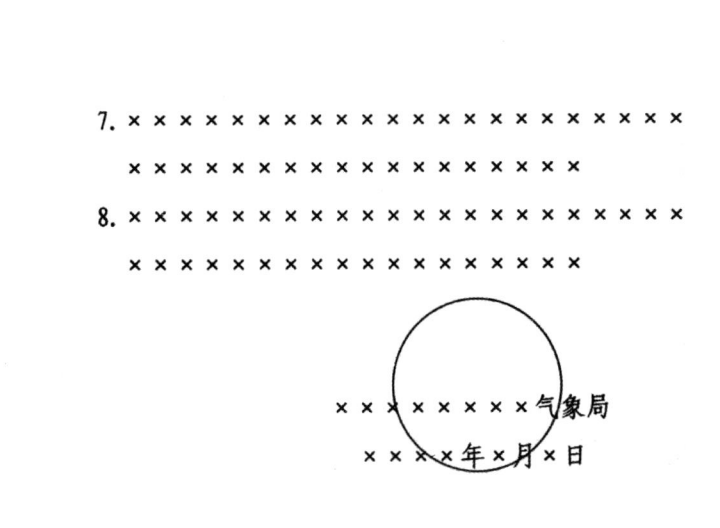

— 2 —

图 2.3.2-2 "函"的末页格式(2)

```
            ××××××令

         第×××号


    ××××××××××××××××××
    ××××××××××××××××××
    ××××××××××××××××××
    ×××××××××××××××××.


                部  长   ×××

                       2012年7月1日


                              — 1 —
```

图 2.3.3 命令(令)格式

图 2.3.4-1　会议纪要首页格式(1)

□□□□□□□□□□□□□□□□□□□□□□□□□□□□□□□□□□□
□□□□□□□□□□□□□□□□□□□□□□□□□。

出席会议人员：
　　□□□、□□、□□、□□□、□□。
列席会议人员：
　　□□□、□□□。

抄送：□□□□□□□、□□□□□□。
□□□□□□□□□局　　　二〇〇〇年〇月〇〇日印

图 2.3.4-2　会议纪要末页格式(1)

××××气象局会议纪要

〔20××〕第×号

××××气象局局长办公会议纪要

时　　间：20××年×月×日下午
地　　点：××××××××
主　　持：×××
出　　席：×××　×××　×××　×××
参加人员：×××　×××　×××　×××　×××
记 录 人：×××

— 1 —

图 2.3.4-3　会议纪要首页格式(2)

会议主要内容和议定事项

一、审议××××××××××的请示

会议决定,××。

二、审议××××××××××

原则同意×××。

三、审议《××××××××××××》

原则通过《×××××××××××××××》,××。

图 2.3.4-4　会议纪要末页格式(2)

2.4.1 老办法和新条例的区别

(1)新增了"发文机关署名""页码"两个公文要素。

(2)删除了"主题词"要素。

(3)将原"眉首"改为"版头","公文份数序号"改为"份号","秘密等级和保密期限"改为"密级和保密期限","发文机关标识"改为"发文机关标志","公文标题"改为"标题","公文正文"改为"正文",保留"附件"并增加"附件说明"。

(4)老办法中规定:公文标题中除法规、规章名称加书名号外,一般不用标点符号;新条例中规定:"公文使用的汉字、数字、外文字符、计量单位和标点符号等,按照有关国家标准和规定执行"。新条例对标题中标点符号没有明确要求,必须按照《标点符号用法》(GB/T 15834—2011)规定使用标点符号。

第一,标题中的缩略语或特定含义用语,必须用引号;例如,《河北省人民政府关于做好"7·21"洪涝重灾区恢复重建工作的指导意见》《关于"农转非"户口审批制度改革情况的报告》。

第二,标题中某一部分需要注释或说明的,必须用括号;例如,《××市人民政府住房公积金管理办法(试行)》。

第三,标题中出现并列词、词组、短语,中间必须用顿号。

例1:关于商请玉米、小麦出口计划的函。

例2:××省人民政府批转省劳动厅、财政厅关于建立企业职工基本养老保险省级调剂金制度意见的通知。

上述两例中的顿号都可以用"和"置换。

第四,当并列的词或词组各自的字面意义明晰,不会被误认作一个词或词组时,可直接将它们之间的顿号删去。

例3:××省人事厅关于贯彻省委、省政府鼓励、扶持、引导个体私营经济进一步加快发展政策有关问题的通知。

此例中"省委、省政府"之间的顿号可以用"和"代替,也可以直接删除,"鼓励、扶持、引导"之间的顿号则用删除的办法解决。同理,例1、例2两个标题也可以考虑采用直接删除顿号的办法解决。因为直接删除顿号后,"省委省政府""鼓励扶持引导""玉米小麦""劳动厅财政厅"的意思还是明白无误的。这里,会不会导致误解,是用不用顿号的关键。

第五,标题中出现报刊名、书名、法规等作品名时必须用书名号。例如,"福建省人民政府办公厅关于做好《福建省志·政府志》组稿工作的通知"。

2.4.2 老格式和新格式的区别

(1)成文日期由汉字标注改为阿拉伯数字标注。

(2)公文密级和保密期限、紧急程度标注,由公文首页上方右侧标注统一改为在公文首页上方左侧标注。

(3)版记部分的字号从3号字调整为4号字。

(4)上行文发文机关标志上边缘至版心上边缘距离由80 mm调整为35 mm。(原格式中是这样写的"发文机关标识上边缘至版心上边缘为25 mm"。对于上报的公文发文机关标识上边缘至版心上边缘为80 mm,新格式中是这样写的"发文机关标志,上边缘至版心上边缘为35 mm")也就是说,不管是什么行文方向,统一规定为35 mm。

第3章 公文的行文规则

行文规则是指各级机关之间公文往来时需要共同遵守的制度和原则。行文规则规定了各级机关的行文关系,即各级机关之间公文的授受关系,它是根据机关的组织系统、领导关系和职权范围来确定的。

3.1 行文关系

行文关系,是各级党政机关、各个部门和单位之间的组织关系和业务关系在公文运行中的体现。机关之间的工作关系是由各自的组织系统或专业系统的归属、地位、职责、权利范围等因素决定的。它对行文关系有决定性的影响,规定着公文传递的基本方向。

机关之间的工作关系有如下几种类型:第一类,处于同一组织系统的上级机关与下级机关存在领导与被领导的关系(比如,中国气象局和省气象局的关系,省气象局和市气象局的关系)。第二类,处于同一专业系统的上级主管业务部门与下级主管业务部门之间存在指导与被指导关系(比如观测司和观测网络处之间的关系)。第三类,处于同一组织系统或专业系统的同级机关之间的平行关系(如各市气象局之间的关系)。第四类,非同一组织系统、专业系统的机关之间,无论级别高低,均为不相隶属关系(如军事机关与各级地方人民政府之间)。

根据机关之间工作关系的不同,行文方向分为上行文、平行文和下行文。在具体的行文中,根据组织关系和工作需要,可以采取逐级、多级、越级、直达等不同的行文方式。

3.2 行文规则

行文应当确有必要,讲求实效,注重针对性和可操作性。

3.2.1 行文关系根据隶属关系和职权范围确定

这条规则要明确三点:一是按机关隶属关系行文。上级机关对下级机关可以作指示、布置工作、提出要求;下级机关可以向直接的上级机关报告工作、提出请示,上级机关对请示事项应予研究答复。二是按机关的职责范围行文。这一点的要求是,行文的内容应是本机关职责范围内的事项,而不能超出,超出了即为越权。三是一一般不得越级行文。除遇有特殊情况,如发生重大的事故、防汛救灾等突发事件或上级领导在现场办公中特别交代的问题,可越级行文,特事特办,但要抄送被越过的上级机关。否则,受文机关对越级公文,可退回原呈报机关,或可作为阅件处理,不予办理或答复。

3.2.2　向上级机关行文,应当遵循以下规则

(1)原则上主送一个上级机关,根据需要同时抄送相关上级机关和同级机关,不抄送下级机关。

(2)党委、政府的部门向上级主管部门请示、报告重大事项,应当经本级党委、政府同意或者授权;属于部门职权范围内的事项应当直接报送上级主管部门。

(3)下级机关的请示事项,如需以本机关名义向上级机关请示,应当提出倾向性意见后上报,不得原文转报上级机关。

(4)请示应当一文一事。不得在"报告"等非请示性公文中夹带请示事项。

(5)除上级机关负责人直接交办事项外,不得以本机关名义向上级机关负责人报送公文,不得以本机关负责人名义向上级机关报送公文。"请示"不直接报送领导者个人的规则。如果"请示"直接报送领导者个人,其危害性大体上有三点:一是未经文秘机构签收、登记,成了"账外公文"。二是这类公文到了领导同志手里,领导同志也颇为难,批,没有部门的审批意见;不批,也有可能影响报送单位的工作。三是现实中一些单位拿着直送领导的批示件当"尚方宝剑",借领导批示向对方施加压力,引起矛盾。所以,领导一般不受理这类直报的请示。如果上级领导个别交办、答应的事项,由此而上报的"请示",最好也应主送该领导所在的机关,并在公文中做出说明。收文机关在分办时,自然会把这份公文分送给这位领导同志批阅。

(6)受双重领导的机关向一个上级机关行文,必要时抄送另一个上级机关。

3.2.3　向下级机关行文,应当遵循以下规则

(1)主送受理机关,根据需要抄送相关机关。重要行文应当同时抄送发文机关的直接上级机关。

(2)党委、政府的办公厅(室)根据本级党委、政府授权,可以向下级党委、政府行文,其他部门和单位不得向下级党委、政府发布指令性公文或者在公文中向下级党委、政府提出指令性要求。需经政府审批的具体事项,经政府同意后可以由政府职能部门行文,文中须注明已经政府同意(见图3.2.1)。

(3)党委、政府的部门在各自职权范围内可以向下级党委、政府的相关部门行文。

(4)涉及多个部门职权范围内的事务,部门之间未协商一致的,不得向下行文;擅自行文的,上级机关应当责令其纠正或者撤销。

(5)上级机关向受双重领导的下级机关行文,必要时抄送该下级机关的另一个上级机关(见图3.2.2-1、图3.2.2-2)。

> ××市人民政府办公厅
> 关于印发××市××××应急预案的
> 通　　知
>
> 各县（市、区）人民政府、开发区管委会，市政府各部门，有关单位：
> 　　《××市××××应急预案》已修订完毕，经市政府同意，现印发给你们，请结合本地本部门实际，认真组织实施。同时，20××年××月××日下发的〔20××〕××府×号文废止。

图 3.2.1　政府职能部门行文

□□□□文件

×××〔××〕×号

×××关于×××工作的通知

××××：

　　××××××××××××××××××××××××××××××××。

　　×××

图 3.2.2-1　上级机关向受双重领导的下级机关行文

××××××××××××××××××××××××××××××××××
××××××××× ×××××××× 。（正文）

附件：1. ×××××××
　　　2. ××××××××

　　　　　　　　　　　　　　　　　×××（发文机关名称）(盖章)
　　　　　　　　　　　　　　　　　　××年×月×日

（××××）

抄送：××××××、××××××、×××××××、××××××
　　×。

×××××××办公厅（室）　　　　　　××××年×月×日印发

图 3.2.2-2　上级机关向受双重领导的下级机关行文

3.2.4 同级党政机关、党政机关与其他同级机关必要时可以联合行文

属于党委、政府各自职权范围内的工作,不得联合行文。党委、政府的部门依据职权可以相互行文。

第4章 公文写作

公文写作,是指公文的起草与修改,是撰写者代机关立言,体现机关领导意图和愿望的写作活动。公文写作包括起草初稿、讨论修改形成送审稿的整个过程。在机关起草的实践中,起草公文的任务可以由一人承担,也可以由多人承担,这主要取决于公文的重要程度和机关的文书人员队伍条件。

4.1 公文写作的特点、要求以及和文学写作的区别

4.1.1 公文写作主要特点

(1)被动写作,遵命性强。
(2)对象明确,针对性强。
(3)集思广益,群体性强。
(4)决策之作,政策性强。
(5)急迫之作,时限性强。
(6)讲究格式,规范性强。

4.1.2 基本要求

(1)要保证公文内容在政治上的正确性。符合党的理论路线方针政策和国家法律法规,完整准确体现发文机关意图,并同现行有关公文相衔接。
(2)要实事求是,在业务上符合客观规律。
(3)内容简洁,主题突出,观点鲜明,结构严谨,表述准确,文字精练。
(4)文种正确,格式规范。公文起草要符合统一规定的体式与程序。
(5)公文涉及其他地区或者部门职权范围内的事项,起草单位必须征求相关地区或者部门意见,力求达成一致。
(6)机关负责人应当主持、指导重要公文起草工作。

4.1.3 与文学写作的区别

(1)公文写作是规范性的写作,文学写作是创造性写作。
(2)公文写作的表达内容追求鲜明而准确,文学写作的表达内容追求朦胧而含蓄。

(3)公文写作的主要表达方式是侧重于说明和概述,文学写作的主要表达方式则侧重与描写、抒情、议论和说明。

(4)公文写作使用科学修辞,文学写作使用艺术修辞。

4.2 公文写作的基本要素

主题、材料、结构、语言是公文写作的基本要素。如果把应用文比作人的话,主题犹如灵魂,材料就像血肉,结构好比骨骼,语言恰似细胞。确立主题是为了"言之有理",选取材料是为了"言之有物",安排结构是为了"言之有序",组织语言是为了"言之有文"。

4.2.1 主题

(1)主题的含义

主题,是作者通过文章内容所表达出来的基本观点或中心思想。

公文的主题与文学体裁和其他文章体裁的主题有所不同。

■来源和要求不同:文学体裁和其他文章体裁的主题来源于生活实践,是写作主体对客观社会的感应(体现主体意思);公文的主题主要是上级领导部门布置下来的,有较强的客体意识(体现客体意识)。

■表现形式不同:文学体裁和其他文章体裁的主题是含蓄的,公文的主题是显露的。

■表现手法不同:文学体裁和其他文章体裁的主题常常借助对艺术形象的塑造或对事物的描绘来表现;公文的主题常常通过事实材料来表现。

(2)确立主题的要求

确立主题的要求,一是明确,二是集中。

■所谓明确,就是应用文主题的表达要明白、确切。提倡什么,反对什么,应该怎样做,不应该怎样做,态度都要鲜明。

要做到主题明确,应注意三点:一是要鲜明地阐述党和国家的路线、方针、政策、法规;二是要直接表达作者的意图;三是要提出明确、具体的意见和办法。

■所谓集中,就是一篇公文只能一个基本观点、一个主要意图。要一文一事,不能一文多事。

要做到集中,也要注意三点:首先,在动笔之前要确立好主题;其次,选择材料是要紧紧围绕主题;最后,起草文章是要详略得当、重点突出。

4.2.2 材料

(1)材料与素材、题材、事实有区别。

材料:凡是可以用来作为文章内容的人、事、物、景,就是写作材料。

素材:是指未经过作者加工、尚未提炼的原始材料(生活中的人、事、物、景),它们是感性的、零散的、不系统的,叫素材。

题材:是指经过作者加工、提炼后,对表现主题有用的、写进文中的内容为题材。

材料是统称。未加工的材料称素材,写入文章的材料叫题材。

材料——是原始的;素材——是备用的;题材——是入文的。

(2)选取材料要真实、典型。

真实是指材料的存在性。真实而确凿的材料是使文章有说服力和感染力的保证。

典型是指材料的代表性。典型性是具体的、个别的,富有鲜明、独特的个性,同时又最能体现同类事物的本质特征和普遍意义。

4.2.3 结构

安排结构的原则:一是服从表现主题的需求;二是适应不同文种的特点。

(1)开头、正文和结尾

■开头

应用文开头的要求是:首先,要简洁,要直接触及文章主题或主要内容。不要来回绕圈,不要设置悬念。其次,要鲜明,要把问题明确地提出来,使读者很快理解文章的意图。

一般开头表示行文目的、依据、原因、背景等的词语。如"据、根据、依据、查、奉、兹、按照、遵照、依照、为了、关于、由于、鉴于、随、随着"等。

第一种:目的式。在写明具体事项之前,先写明发文的目的,以引起受文者的注意,这是一种常见的开头形式,常见表示目的的介词"为""为了"等领取下文。例如公文《国务院纠正行业不正之风办公室关于2001年纠风工作实施意见》的开头是这样写的:"为了贯彻落实中央纪委第五次全会和国务院第三次廉政工作会议关于2001年纠风工作的部署和要求,现提出以下实施意见。"介词"为了"同动宾词组"贯彻……文件"组成介词结构,表明行文的具体目的。

第二种:根据式。在公文正文的开头,写明作为行文依据的方针、政策、法规、规定及上级指示精神或其他事项,以增加公文的权威性、严肃性和说服力。常见的根据式开头的介词有"根据""遵照""按照""依照"等领取下文。例如《中华人民共和国国务院令》的开头:"依照《中华人民共和国国务院香港特别行政区基本法》的有关规定,根据香港特别行政区第二任行政长官选举委员会选举产生的人选,任命董建华为中华人民共和国香港特别行政区第二任行政长官,于2002年7月1日就职。"开头第一句话就提出法律法规作为行政长官任职的法律依据,根据充分,令人信服,权威性强。

在实际写作中,根据式和目的式混合使用的公文开头方式用得较多,可写明发文根据,再说明发文目的,然后点明决定的核心内容,简洁明了。

第三种：缘由式。缘由式也叫原因式，即通过介绍情况、提出问题或明确意义，使受文者了解行文的缘由，从而引起受文者对文件内容的重视。例如"由于今年生产任务重，所以……"这样可以使读者明确是什么原因发文，更好地理解发文目的及发文意图。

第四种：叙述式。开头叙述事情发生的社会背景、时代背景或政治背景，使读者明白是在什么情况下发生的事件，为下文的理解奠定基础。例如北京市工商行政管理局、北京市公安局、北京市煤炭公司《关于加强煤炭市场管理的通告》的开头："目前，我市煤炭市场秩序比较混乱，无照经营现象增多，一些地区甚至出现了集中进行非法交易的煤炭黑市，而且掺杂使假、严重亏吨等坑骗用户的现象也十分严重。"这样开头交代北京市煤炭市场非法经营状况，为下文维护正常的经济秩序提出要求奠定了基础，同时显得行文有序、清晰。

第五种：引据式。引用对方来文的日期、标题、发文字号作为发文的根据，以此开头，正文再写答复对方的内容。例如公文《彭水苗族土家族自治县人民政府关于同意县交通局拆房修建职工宿舍划拨国有土地的批复》的开头："你局《关于要求拆房修建职工宿舍需划拨国有土地的请示》（彭交〔1991〕××号）收悉。"再例如公文《北京市财政局、北京地方税务局关于北京市农工商联合总公司2001年度收取管理费审批意见的函》的开头："你公司《关于2001年各级管理费列支办法的函》（北京农管〔2001〕1号）收悉。"批复函一般的情况下在开头先引用请示、来函的标题或发文字号，表示来文收到，详情已知，并以此作为发文的依据，下文在此内容的基础之上，表明态度。

第六种：结论式。开门见山地概括应用文的主要内容，直接把结论性意见展现在读者面前，使结论式开头的内容成为全文的纲要，然后下文再具体解释、说明、阐述。例如《××省人民省政府关于禁止生产、销售和使用一次性发泡塑料餐具的通告》的开头："……省人民政府决定在全省范围内禁止生产、销售和使用一次（性）发泡塑料餐具。现将有关事项通告如下：……"

公文开头无固定模式，究竟怎样撰写公文的开头，最终还要根据实际需要确定，而无论哪种形式的公文开头，都必须符合开门见山、简明扼要的原则。

■ 主体

正文的主体是核心中的核心。内容充实、中心突出、言简意赅、条理清楚，是对所有公文主体部分的写作要求。

"博士买驴"：古代有个博士，熟读四书五经，满肚子都是经文。他非常欣赏自己，做什么事都要咬文嚼字。有一天，博士家的一头驴子死了，就到市场上去买一头。双方讲好价后，博士要卖驴的写一份凭据。卖驴的表示自己不识字，请博士代写，博士马上答应。卖驴的当即借来笔墨纸砚，博士马上书写起来。他写得非常认真，过了好长时间，三张纸上都是密密麻麻的字，才算写成。卖驴的请博士念给他听，博士干咳了一声，就摇头晃脑地念了起来，过路人都围上来听。过了好半天，博士才念完凭据。卖驴的听后,不理解地问他说:"先生写了满满三张纸,怎么连个驴字也没有呀?其实,只要写上某月某日我卖给你一头驴子,收了你多少钱,也就完了,为什么唠唠叨叨地写这么多呢?"在旁观看的人听了,都哄笑起来。这件事传开后,有人编了几句讽刺性的谚语:博士买驴,书卷三纸,未有驴字。

后来,人们形容写文章或讲话不得要领,虽然写了一大篇,说了一大堆,却都离题很远就叫"博士买驴",或叫"三纸无驴",也就是所谓"下笔千言,离题万里"。

■结尾

第一,要有力,收束全篇,完成主题;第二,要简洁不拖沓。

结尾一般有特定结束语:

上行文:特此报告;以上意见,报供参考;请予审批;请予审理;以上请示,如无不妥,请批转××办理;上述意见,是否可行(或有当),请核示(或批示);妥否,请批示;请批复。

下行文:特此通知,希即遵照办理;特此批复;以上意见,请即研究执行(或按照执行、参照执行、遵照执行、依照执行、认真执行、严格执行);特此公告(通告、布告);周知;此布;本通报应向旅游系统所有人员进行传达,组织讨论,并将讨论情况及时报我们;同意你社意见,本件存案备查;以上通知(指示)希即认真研究执行,并将执行情况在×月底前向本局(社)作一报告;请将你们对这项工作的意见和具体部署情况尽快一并报局(社);本通知下达后,以往有关文件与此件有抵触的,均以本通知为准。

平行文:特此函达;特先函商(特先联系);特再函询;请即函复,并希见复;你社是否同意,请即函告;我社实有困难,未能照办,请鉴谅;此复;特此函复;特此函复,请查明办理;请予研究函复;你社意见如何,请即考虑见复为盼;特将有关情况函告,供改进工作时参考;特此函请你宾馆加以办理;以上意见仅供参考;随函附送(有关资料)一份,请查收。

(2)过渡和照应

过渡的形式有:过渡词语、过渡句、过渡段。比如"现批复如下""现就有关事项通知如下""现将各直属单位领导班子成员××年度考核等次通报如下"。

照应,是文章前后内容上的关照、呼应。它的作用是使表述的事情得到补充、强调。主要是首尾照应、前后照应、题文照应等。

4.2.4　语言

(1)语体的特点

语体以实用为目的,并形成准确、平实、明快、庄重、简洁的语言风格。词汇上的特点是大量使用书面词语、专用词语和文言词语。

运用书面词语。公文文种属于规范性文种,大量运用书面词语,少用口语词、方言词以及土语词。

选用专用词语。应用文中大量的专用词语一般都有明确的事务含义,如"批转""审核""任免"等,准确选用有助于表情达意的简洁、明快,言简意赅。

沿用文言词语。应用文中有些文种,词语的使用在一定程度上受到了古汉语的影响,沿用古汉语中的一些文言词语,如"为荷""兹""妥否""希予"等。

(2)组织语言的要求

公文组织语言,一是明确,二是简洁。

所谓明确,就是表达的内容清晰、明白、确定不移。要真实、准确、明白、流畅,通俗易懂,不能含蓄、晦涩,模棱两可,似是而非,产生歧义。

所谓简洁,就是表达简明扼要、言简意赅、文约意丰。要抓住要领,一语中的,不能废话连篇,重复啰唆。

(3)表达方式

叙述、议论、说明、描写和抒情是写作中五种基本的表达方式。应用文的表达方式,以叙述、说明和议论为主。其中,叙述是最基本、最常用的表达方式,其次是说明,再次是议论。

4.3 公文写作人员的素养

公文写作者应该具备的素养,可以概括为"一种水平、两类知识、三项能力、四套方法"。

"一种水平"是指公文作者要有较高的理论政策水平;"两类知识"是指公文作者要具有广博的专业知识,应用文体的知识;"三项能力"是指公文作者具备分析和综合能力,归纳和演绎能力,语言的表达能力;"四套方法"是指公文作者需掌握基本理论,注重调查研究,多读名篇佳作,反复练笔实践。

第5章　几种常用公文的写作

公文的种类简称文种。2012年7月1日起正式施行的《党政机关公文处理工作条例》规定党政机关通用公文种类15种，即决议、决定、命令（令）、公报、公告、通告、意见、通知、通报、报告、请示、批复、议案、函、纪要。

下面对常用的几种进行介绍。

5.1 通知

5.1.1 通知的概念

通知适用于发布、传达要求下级机关执行和有关单位周知或者执行的事项，批转、转发公文。

通知的适用范围广泛。在15种文种当中，使用最多的是通知，适用于批转下级机关公文，转发上级机关和不相隶属机关的公文；发布规章；传达要求下级机关办理和有关单位需要周知或者共同执行的事项；任免或聘用干部。通知大多属下行公文，需要作为平行文出现的时候，一般以"函"来代替。

5.1.2 通知的种类

（1）转发性通知。适用于把上级机关或不相隶属机关的公文发给所属单位周知或执行。部门提出的意见或措施，具体、明确、符合实际，不用再提新的要求即可起到指导工作的作用。由发文机关所写"按语"和被转发公文两部分组成。转发性通知的转发对象是上级机关或不相隶属机关（见图5.1.1）。

（2）批转性通知。批转是指"批准、转发"，带有指示性和指导性。用于上级机关批准下级某一单位的公文并转发给下级有关单位贯彻执行。下级机关的公文一旦被上级机关批转，就包含了上级机关的意图，与上级机关亲自制发的公文一样具有同等效力，批转性通知转发对象是下级机关公文。一般由上级机关的"批语"和下级机关的来文两部分组成。如《国务院办公厅转发建设部等部门关于做好稳定住房价格工作意见的通知》。

```
┌─                                    ─┐
         ×××气象局××××处
  ═══════════════════════════════════════
                            ×气法函〔×〕×号


              ×××气象局××××处
           转发×××关于做好应对××××××
                   工作的通知


  各市气象局：
      现将《×××关于做好应对××××××工作的通知》(×
  ××〔×〕×号）转发给你们，请认真学习并贯彻落实。

      附件：×××关于做好应对××××××工作的通知

                            ×××气象局××××处
                               ×年×月×日




└─                                    ─┘
```

图 5.1.1　转发性通知

国务院办公厅转发建设部等部门关于做好稳定住房价格工作意见的通知

国办发〔2005〕26号

各省、自治区、直辖市人民政府,国务院各部委、各直属机构:

建设部、发展改革委、财政部、国土资源部、人民银行、税务总局、银监会等七部门《关于做好稳定住房价格工作的意见》已经国务院同意,现转发给你们,请认真贯彻执行。

房地产业是国民经济支柱产业。正确认识当前房地产市场形势,及时解决存在的突出问题,促进房地产业健康发展,对于巩固和发展宏观调控成果,保持国民经济平稳较快发展,具有重要意义。各地区、各部门要把解决房地产投资规模过大、价格上涨幅度过快等问题,作为当前加强宏观调控的一项重要任务。坚持积极稳妥、把握力度,突出重点、区别对待,因地制宜、分类指导,强化法治、加强监管的原则。加强领导、密切配合,认真贯彻落实国务院各项调控政策措施,做好供需双向调节,遏制投机性炒房,控制投资性购房,鼓励普通商品住房和经济适用住房建设,合理引导住房消费,促进住房价格的基本稳定和房地产业的健康发展。

国务院办公厅
二〇〇五年五月九日

(3)指示性通知。上级机关对下级机关某一项工作做出指示和安排,而根据公文内容又不必用"命令"或"指示"时,可使用这类通知。如《国务院办公厅关于继续做好房地产市场调控工作的通知》《×××气象局×××关于印发〈×××气象局×××管理规定〉的通知》(见图5.1.2)。

国务院办公厅关于继续做好房地产市场调控工作的通知

国办发〔2013〕17号

各省、自治区、直辖市人民政府,国务院各部委、各直属机构:

2011年以来,各地区、各部门认真贯彻落实中央关于加强房地产市场调控的决策和部署,取得了积极成效。当前房地产市场调控仍处在关键时期,房价上涨预期增强,不同地区房地产市场出现分化。为继续做好今年房地产市场调控工作,促进房地产市场平稳健康发展,经国务院同意,现就有关问题通知如下:

一、完善稳定房价工作责任制

认真落实省级人民政府负总责、城市人民政府抓落实的稳定房价工作责任制。各直辖市、计划单列市和省会城市(除拉萨外),要按照保持房价基本稳定的原则,制

×××气象局×××文件

×气办发〔×〕×号

×××气象局×××关于印发
《×××气象局×××管理规定》的通知

各市气象局，各直属单位，各内设机构：
　　为进一步做好印章管理和使用工作，局办公室结合部门实际修订了《×××气象局×××管理规定》，经局领导批准，现印发各单位，请遵照执行。

×××气象局×××
×年×月×日

— 1 —

图 5.1.2　指示性通知

定本地区年度新建商品住房(不含保障性住房,下同)价格控制目标,并于一季度向社会公布。各省级人民政府要更加注重区域差异,加强分类指导。对行政区域内住房供不应求、房价上涨过快的热点城市,应指导其增加住房及住房用地的有效供应,制定并公布年度新建商品住房价格控制目标;对存在住房供过于求等情况的城市,也应指导其采取有效措施保持市场稳定。要建立健全稳定房价工作的考核问责制度,加强对所辖城市的督查、考核和问责工作。国务院有关部门要加强对省级人民政府稳定房价工作的监督和检查。对执行住房限购和差别化住房信贷、税收等政策措施不到位、房价上涨过快的,要进行约谈和问责。

二、坚决抑制投机投资性购房

继续严格执行商品住房限购措施。已实施限购措施的直辖市、计划单列市和省会城市,要在严格执行《国务院办公厅关于进一步做好房地产市场调控工作有关问题的通知》(国办发〔2011〕1号)基础上,进一步完善现行住房限购措施。限购区域应覆盖城市全部行政区域;限购住房类型应包括所有新建商品住房和二手住房;购房资格审查环节应前移至签订购房合同(认购)前;对拥有1套及以上住房的非当地户籍居民家庭、无法连续提供一定年限当地纳税证明或社会保险缴纳证明的非当地户籍居民家庭,要暂停在本行政区域内向其售房。住房供需矛盾突出、房价上涨压力较大的城市,要在上述要求的基础上进一步从严调整限购措施;其他城市出现房价过快上涨情况的,省级人民政府应要求其及时采取限购等措施。各地区住房城乡建设、公安、民政、税务、人力资源社会保障等部门要建立分工明确、协调有序的审核工作机制。要严肃查处限购措施执行中的违法违规行为,对存在规避住房限购措施行为的项目,要责令房地产开发企业整改;购房人不具备购房资格的,企业要与购房人解除合同;对教唆、协助购房人伪造证明材料、骗取购房资格的中介机构,要责令其停业整顿,并严肃处理相关责任人;情节严重的,要追究当事人的法律责任。

继续严格实施差别化住房信贷政策。银行业金融机构要进一步落实好对首套房贷款的首付款比例和贷款利率政策,严格执行第二套(及以上)住房信贷政策。要强化借款人资格审查,严格按规定调查家庭住房登记记录和借款人征信记录,不得向不符合信贷政策的借款人违规发放贷款。银行业监管部门要加强对银行业金融机构执行差别化住房信贷政策的日常管理和专项检查,对违反政策规定的,要及时制止、纠正。对房价上涨过快的城市,人民银行当地分支机构可根据城市人民政府新建商品住房价格控制目标和政策要求,进一步提高第二套住房贷款的首付款比例和贷款利率。

充分发挥税收政策的调节作用。税务、住房城乡建设部门要密切配合,对出售自有住房按规定应征收的个人所得税,通过税收征管、房屋登记等历史信息能核实房屋原值的,应依法严格按转让所得的20%计征。总结个人住房房产税改革试点城市经验,加快推进扩大试点工作,引导住房合理消费。税务部门要继续推进应用房地产价格评估方法加强存量房交易税收征管工作。

三、增加普通商品住房及用地供应

各地区要根据供需情况科学编制年度住房用地供应计划,保持合理、稳定的住房用地供应规模。原则上 2013 年住房用地供应总量应不低于过去 5 年平均实际供应量。住房供需矛盾突出、房价上涨压力较大的部分热点城市和区域中心城市,以及前两年住房用地供应计划完成率偏低的城市,要进一步增加年度住房用地供应总量,提高其占年度土地供应

……

国务院办公厅
2013 年 2 月 26 日

(4)发布性通知。新《条例》中虽然取消了"发布规章"的内容,但在实际行政管理过程中,对于行政性规章制度及党内规章制度、意见、办法还是用通知发布。如《国务院关于印发〈国务院工作规则〉的通知》。

国务院关于印发《国务院工作规则》的通知

国发〔2004〕18 号

各省、自治区、直辖市人民政府,国务院各部委、各直属机构:

《国务院工作规则》已经 2004 年 6 月 16 日召开的国务院第 54 次常务会议修订通过,现予印发。

国务院
二〇〇四年六月二十六日

国务院工作规则

(二〇〇四年六月十六日国务院第 54 次常务会议修订通过)

第一章　总则

一、第十届全国人民代表大会第一次会议产生的新一届中央人民政府,根据《中华人民共和国宪法》和《中华人民共和国国务院组织法》,制定本规则。

二、国务院工作以邓小平理论和"三个代表"重要思想为指导,贯彻党的路线、方针和政策,坚持以人为本,树立和落实科学发展观,全面履行政府职能,实行科学民主决策,坚持依法行政,加强行政监督,形成行为规范、运转协调、公正透明、廉洁高效的行政管理体制,建设法治政府。

三、国务院组成人员要履行宪法和法律赋予的职责,坚持解放思想、实事求是,

与时俱进,开拓创新;忠于职守,服从命令,顾全大局,全心全意为人民服务。

四、国务院各部门要依照法律和行政法规行使职权,进一步转变政府职能、管理方式和工作作风,推进电子政务,提高行政效能,切实贯彻国务院各项工作部署。

第二章　组成人员职责

五、国务院由下列人员组成:总理、副总理、国务委员、各部部长、各委员会主任、人民银行行长、审计长、秘书长。

六、国务院实行总理负责制,总理领导国务院的工作。副总理、国务委员协助总理工作。

七、总理召集和主持国务院全体会议和国务院常务会议。国务院工作中的重大事项,必须经国务院全体会议或国务院常务会议讨论决定。

八、副总理、国务委员按分工负责处理分管工作。受总理委托,负责其他方面的工作或专项任务,并可代表国务院进行外事活动。

九、秘书长在总理领导下,负责处理国务院的日常工作。

十、总理出国访问期间,由负责常务工作的副总理代行总理职务。

十一、各部部长、各委员会主任、人民银行行长、审计长负责本部门的工作。

……

(5)知照性通知。主要用于传达需要有关单位周知或共同执行的事项,如建立、撤销或调整某个机构,启用新章等。知照性通知的作用主要是告知。见图5.1.3。

(6)任免、聘用通知。用于任免或聘用国家机关工作人员职务等。见图5.1.4。

(7)事务性通知。是指对于行政机关的各种具体事项的落实和安排,以通知形式来行文。比较常见的有开会通知、放假通知、缴费通知等。如《国务院办公厅关于2013年部分节假日安排的通知》。

国务院办公厅关于2013年部分节假日安排的通知

国办发明电〔2012〕33号

各省、自治区、直辖市人民政府,国务院各部委、各直属机构:

根据国务院《关于修改〈全国年节及纪念日放假办法〉的决定》,为便于各地区、各部门及早合理安排节假日旅游、交通运输、生产经营等有关工作,经国务院批准,现将2013年元旦、春节、清明节、劳动节、端午节、中秋节和国庆节放假调休日期的具体安排通知如下。

×××气象局××××文件

×气办发〔×〕×号

×××气象局××××关于成立××× ×××小组及其办公室的通知"

各市气象局,各直属单位,各内设机构:

为加强我省××××××××工作的领导,确保高效、有序推进此项工作,经省气象局研究,决定成立××××××工作领导小组(以下简称领导小组)及其办公室。现将领导小组及其办公室承担的主要职责和组成人员通知如下:

一、主要职责

(一)领导小组主要职责

全面负责××××××工作的组织领导,研究制定工作方案,协调解决工作中遇到的重大问题。

(二)领导小组办公室主要职责

领导小组办公室挂靠在××××××,在领导小组的领导

— 1 —

图 5.1.3　知照性通知

中共××省气象局党组文件

×气党发〔×〕×号

中共×××气象局党组
关于×××同志任职的通知

经中共×××气象局党组研究，并征得中共××××××××同意，决定：

×××同志试任中共×××气象局党组成员、副局长，试用期一年。任职时间自×年×月×日起计算。

中共×××气象局党组
×年×月×日

— 1 —

图 5.1.4　任免、聘用通知

一、元旦:1月1日至3日放假调休,共3天。1月5日(星期六)、1月6日(星期日)上班。

二、春节:2月9日至15日放假调休,共7天。2月16日(星期六)、2月17日(星期日)上班。

三、清明节:4月4日至6日放假调休,共3天。4月7日(星期日)上班。

四、劳动节:4月29日至5月1日放假调休,共3天。4月27日(星期六)、4月28日(星期日)上班。

五、端午节:6月10日至12日放假调休,共3天。6月8日(星期六)、6月9日(星期日)上班。

六、中秋节:9月19日至21日放假调休,共3天。9月22日(星期日)上班。

七、国庆节:10月1日至7日放假调休,共7天。9月29日(星期日)、10月12日(星期六)上班。

节假日期间,各地区、各部门要妥善安排好值班和安全、保卫等工作,遇有重大突发事件发生,要按规定及时报告并妥善处置,确保人民群众祥和平安度过节日假期。

国务院办公厅
2012年12月8日

5.1.3　通知的写作

(1)标题。通知在使用大标题套小标题时,要注意以下几点:

第一,分清通知的类别,准确使用"批转"或"转发"。

第二,避免重复使用"关于""通知"。如"××省人民政府关于转发《国务院关于边境贸易有关问题的通知》的通知"。

这个标题有两个毛病。一是为了强调被转发的是一个文件,而加了书名号;二是执意求全出现了"通知的通知""关于……关于"这样的累赘。对于这种情况,因为被转发文件与转发文件的文种相同,为了避免重复,将这个标题拟成"××省人民政府转发国务院关于边境贸易有关问题的通知"即可。如果下级机关层层转发,也不必层层累加"通知"。

第三,如果被批转或转发的是几个机关联合行文,那么标题中可以只写主办机关名称,其他机关用"等"字省略。

第四,经过层层转发的文件标题往往很长,可以省略中间的发文机关,至保留公文发源处的名称。例如,国务院办公厅的一个文件《国务院办公厅关于继续做好房地产市场调控工作的通知》,省政府办公厅转发一次用《××省人民政府办公厅转发国务院办公厅关于继续做好房地产市场调控工作的通知》,下面的市政府办公厅用《××市人民政府办公厅转发国务院办公厅关于继续做好房地产市场调控工作通知》,下面若县政府办公室再转发,就用《××县人民政府办公室转发国务院办公厅关于继续做好房地产市场调控工作通知》。原则是文件标题只有一个"关于","的通知"也只有一个。尽量不要用《××省人民政府办公厅转发〈国务院办公厅继续做好房地产市场调控工作的通知〉的通知》。

第五,被转发或批转的文件套文件,只能使用一次"《》",其他需要书名号的地方用"〈〉"。如"××省气象工会工作委员会关于转发《××省总工会关于修订〈落实全总办公厅〈关于加强基层工会经费收支管理的通知〉的意见〉有关内容的通知》的通知"这个标题不好省略,因为转发的重点不是全总办公厅〈关于加强基层工会经费收支管理的通知〉,而是××省总工会对前期落实全总通知的修订和补充。可以改为:《××省气象工会工作委员会关于转发××省总工会修订落实全总办公厅加强基层工会经费收支管理意见有关内容的通知》。

第六,批转、转发公文时,通知的标题中不能以被批转或转发公文的发文字号代替被批转或转发公文的标题。如《××省人民政府转发〈国务院关于促进健康服务业发展的若干意见〉的通知》(国发〔2013〕40号),通知的标题不能拟为《××省人民政府关于转发国发〔2013〕40号文件的通知》,否则受文者无法知道被转发公文的主题。

(2)正文

通知的写作形式多样、方法灵活,不同类型的通知使用不同的写作方法。

■批转、转发、发布性通知的写法。正文须把握三点:第一,对批转、转发、发布的文件提出意见,表明态度,如"同意""原则同意""要认真贯彻执行""望遵照执行""参照执行"等;第二,写明所批转、转发、发布文件的目的和意义;第三,提出希望或要求。最后写明发文日期。

××大学办公室转发
××省教育厅关于做好2014年春节期间有关工作的通知

各院、部、处、室、馆、中心、集团:

2014年春节即将来临。为了做好春节期间的各项工作,确保广大师生员工过个欢乐、祥和、安定的节日,××省教育厅发出《关于做好2014年春节期间有关工作的通知》,现转发给你们,请遵照执行。

附件:关于做好2014年春节期间有关工作的通知

××大学办公室
2014年1月7日

说明:批转、转发、发布类公文的附件问题:

不少人认为,在批转、转发、发布类公文中,被批转、转发或发布的公文应当作附件处理。有一种观点认为不应当作附件。理由:新《条例》明确规定,正文是"公文的主体,用来表述公文的内容",附件是"公文正文的说明、补充或者参考资料"。被批转、转发或发布的文书是公文的主体和实质,承载着公文的主要的、核心的内容,并不是公文正文的说明、补充或者参考资料。这种观点认为,实际上,批转、转发、发布类公文属于复合体公文,其正文在形式上由两部分构成,一部分是"通知"本身,另一部分即是被批转、转发或发布的文书,它们共同构成公文的正文。处于前面的"通知"仅仅起着"按语"的作用,被批转、转发或发布的文书是公文不可或缺的主要内容。如《国务院办公厅关于印发中国食物与营养发展纲要(2014—2020年)的通知》(国办发〔2014〕3号),前面的"通知"只有一句"《中国食物与营养发展纲要(2014—2020年)》已经国务院同意,现印发给你们,请认真贯彻执行",被印发的文书《中国食物与营养发展纲要(2014—2020年)》正是公文的主体。

我本人支持不作为附件处理,这样也就不存在附件说明的问题了。

■指示性通知的写法。正文由缘由、内容(包括要求)等部分组成。缘由要简洁明了,说理充分。内容要具体明确、条理清楚、详略得当,充分体现指示性通知的政策性、权威性、原则性。要求要切实可行,便于受文单位具体操作。

国务院办公厅关于切实加强当前森林防火工作的紧急通知

国办发明电〔2006〕11号

各省、自治区、直辖市人民政府,国务院各部委、各直属机构:

入春以来,我国华北、西南及南方部分省(区)降水偏少,风干物燥,森林火险等级居高不下,特别是3月底以来,河北、山西、云南等地森林火灾呈暴发态势,给当地人民群众生命财产及国家森林资源安全造成极大威胁。近期,随着气温回升,高火险天气增多,加之清明节前后,林区人员流动频繁,野外火源管理难度加大,火灾隐患增多,森林防火形势将更加严峻。为切实做好当前森林防火工作,经国务院同意,现就有关问题紧急通知如下:

一、切实增强做好森林防火工作的责任感和紧迫感

森林防火工作事关人民群众生命财产安全。地方各级人民政府和有关部门一定要从全面落实科学发展观、构建社会主义和谐社会的高度,进一步提高对做好森林防火工作重要性的认识,增强责任感和使命感,准确判断当前森林防火工作面临的形势,以对党和人民高度负责的态度,在大力植树造林的同时,切实抓好森林防火工作,做到思想上不麻痹,工作上不放松,保护林业建设成果,确保人民群众生命财产安全。华北、西南等高火险省(区、市)要紧急行动起来,采取更加有效措施,坚决遏制火灾高发态势。东北三省和内蒙古自治区要未雨绸缪,提前做好火灾防范准

备。其他地区要查漏补疏,克服任何麻痹侥幸思想,确保本地区春季防火不出大的问题。

二、努力提高全民防火意识

各地区、各有关部门要加大《中华人民共和国森林法》《森林防火条例》和部门、地方防火规章制度的宣传力度,加强防火法制教育。近期,要围绕野外火源管理和安全用火规定,进一步组织开展森林防火宣传教育活动,广泛宣传防火扑火知识,营造浓厚的森林防火氛围。宣传部门要组织新闻媒体及时做好火险气象信息发布、防火动态报道。要及时宣传森林防火典型案例,通过典型事例教育群众,不断提高全民森林防火责任意识。

三、进一步强化火源管理

地方各级人民政府负责同志、森林防火指挥部成员单位要分片包干,分头带领工作组赴基层组织开展全面扎实的森林防火大检查,排查火灾隐患,对高火险区和火灾多发区进行蹲点督察。严格执行野外用火审批制度,防火紧要期要实行封山防火,严禁一切野外用火。坚持依法防治,林业、公安、纪检、监察等有关部门要密切配合,严格执法,严厉打击违法用火行为,从严从快查处森林火灾案件,严惩火灾肇事者。

四、全面加强应急处置

森林火灾突发性强,要立足于防大火、救大灾,高度重视森林防火预警机制建设,全面加强应急处置管理。气象部门要加强火险天气分析,防火主管部门要全方位监测林火,做好森林火险等级预测预报和发布工作,各有关单位和部门要根据不同火险等级采取相应工作措施,高火险时段要落实超常规应急防范措施。要进一步完善应急预案,加强预案演练,一旦发现火情,要快速反应,在最短时间内做到组织领导到位、技术指导到位、物资资金到位、扑火人员到位,高效妥善处置火情。平时要加强值班调度,保证信息畅通,及时报告火情。

五、科学组织指挥扑火

扑火工作时效性和专业性强,危险性大。各级森林防火指挥部要牢固树立"以人为本、安全第一"的思想,科学指挥、科学扑救,做到出动快速、扑救高效、撤退安全。要重视森林消防队伍建设,加强装备配备和基础设施建设,提高灭火作战能力。要加强防火知识和技能培训,扑火指挥员要熟练掌握科学指挥知识,扑火队员和林区群众要通晓安全避险常识,避免伤亡事故发生。要突出保护重点,超前安排做好城镇、村屯、油库、风景区以及其他重要设施的防护工作,确保万无一失。要坚持"打小、打了"的原则,把小火当作大火打,集中优势兵力打歼灭战,防止小火酿成大灾。

六、严格落实责任制

地方各级人民政府全面负责本地区森林防火工作,政府主要负责同志为第一责任人,分管同志为主要责任人。地方各级人民政府主要领导要亲自安排部署森林防火工作,亲自解决实际问题,一旦发生森林火灾,要靠前指挥。要层层落实责任,层层细化责任,把责任落实到各级政府、各有关部门、各个行政辖区和单位。要加大森林防火责任追究力度,实行责任倒查和逐级追查,做到事故原因不查清不放过,事故责任者得不到处理不放过,整改措施不落实不放过,教训不吸取不放过。对发现火灾隐患不作为、发生火情隐瞒不报贻误扑火时机、防火责任不落实、组织扑火不得力等失职、渎职行为,并造成重大损失或重大伤亡的,要依法依纪严肃追究有关责任人员的责任。

七、加强组织领导

进一步建立健全各级森林防火指挥系统,充实人员,担负起指挥和指导森林防火和森林火灾扑救工作,协调解决森林防火中的重大问题。要建立联动机制,充分发挥和调动消防、林区驻军、预备役部队、武警部队和广大公安民警等各方面的力量参与预防与扑灭重大森林火灾,形成工作合力。

国务院办公厅
二〇〇六年四月四日

■知照性通知的写法。这种通知使用广泛,体式多样,主要是根据通知的内容,交代清楚知照事项。

×××关于成立消防安全组织机构的通知

项目部所属各部室、施工作业层:

根据我公司的有关文件精神,确保消防安全工作落到实处,特成立消防安全组织机构名单如下:

组　　长:

副 组 长:

组　　员:

专职安全员:

具体分工如下:

×××公司
×年×月×日

■事务性通知的写法。通常由发文缘由、具体任务、执行要求等组成。会议通知也属事务性通知的一种,但写法又与一般事务性通知有所不同。会议通知的内容一般应写明召开会议的原因、目的、名称、通知对象、会议的时间、地点、需准备的材料等。

××大学校长办公室关于寒假放假及有关事项的通知

各院、处(部)、室、馆、中心、集团：

根据校历安排,我校定于1月10日(星期六)放寒假,2月8日(星期日)开学。现将放假及假期内有关事项通知如下：

1. 放假前,各单位要认真总结本学期的工作,妥善处理未尽事宜,提前做好下学期的工作安排。

2. 教务部门和各学院要认真落实下学期的教学计划。人事处和教务处要严格开学初的考勤。

3. 保卫部门和各单位要提高警惕,切实做好安全保卫和消防工作。各单位要认真部署假期安全保卫工作,贵重仪器设备明确专人负责,重点部位执行24小时值班；认真贯彻落实稳定工作责任制,深入做好治安及安全隐患的排查工作,采取有效措施及早消除不安定因素；切实做好防火、防盗工作,加强对易燃、易爆、剧毒危险品的管理,遇有突发性事件和问题及时向保卫部门报告。凡因麻痹大意而引发事件和问题的,将依据有关规定追究责任。

4. 寒假期间,后勤部门要搞好卫生清扫工作,保持校园环境整洁；保证水、电、暖的正常供应,维护假日期间广大教职员工的生活秩序。

5. 寒假期间,全校各单位要严格值班。学校在校长办公室设立总值班室,各单位值班表务于1月7日前报校长办公室。值班人员要坚守岗位,认真负责,遇有紧急情况及时报告。

特此通知

××大学校长办公室
2013年12月22日

关于召开全国水利精神文明建设工作会议的通知

×××××× ：

为深入学习贯彻党的十八届三中全会精神,回顾总结近年来水利精神文明建设的成果和经验,全面分析水利精神文明建设面临的形势和任务,研究部署当前和今后一个时期水利精神文明建设工作,团结和鼓舞广大水利干部职工为奋力推进水利改革发展新跨越而努力奋斗,经研究拟于11月上旬在××省××市召开全国水利精神文明建设工作会议。现将有关事宜通知如下：

一、会议主要内容

深入学习贯彻党的十八届三中全会精神；总结交流水利系统近年来精神文明建设工作经验,研究部署2013年和今后一个时期水利精神建设工作。

二、会议时间和地点

(一)会议时间：×月×日报到,×月×日至×月×日开会。

(二)会议地点：××××××酒店

三、参加会议人员

1. 水利部精神文明建设指导委员会领导及成员单位主要领导；

2. 部机关各司局、直属各单位(不包括流域机构)负责人1名；

3. 各流域机构，各省、自治区、直辖市水利(水务)厅(局)，新疆生产建设兵团水利局主管精神文明建设的负责人、文明办主任各1名，各计划单列市水利(水务)局负责人1名；

4. 水利系统2011—2012年度全国青年文明号单位代表各1名。

四、有关要求

1. 请各单位严格按通知规定的代表名额参加会议，不得超员。

2. 请各单位将参加人员报名表(见附件)于×月×日前分别传真到水利部文明办和湖北省水利厅。

3. 会议组统一在××接送站，请参加会议人员将到达(返程)××的车次(航班)提前告知××××××，以便安排接送站。

联系人：

×××：××××××××××××(手机)

×××—××××××××(传真)

■任免、聘用通知的写法。由任免依据和任免事项两部分组成，应注意先任后免。一般只写决定任免、聘用的机关、依据，以及任免、聘用人员的具体职务即可。

关于×××等同志职务任免的通知

厅机关各处室局，厅属各单位：

经研究决定：

×××同志任行政政法处处长；

×××同志任企业处处长；

×××同志任省级部门预算编制中心主任，免去其地方预算处副处长职务；

×××同志任省财税政策研究室主任；

×××同志任省会计人员服务中心主任，免去其国库支付处副处长职务；

×××同志不再兼任省财税政策研究室主任职务。

×××、×××、×××、×××、×××等5位同志新任职务实行一年试用期(从2015年11月26日开始计算)。

中共××省财政厅党组

2015年11月26日

5.2 通报

5.2.1 含义

通报属于下行文。用于表彰先进、批评错误、传达重要精神和告知重要情况。通报的运用范围非常广,是各级机关、企事业单位和团体经常使用的文种。

5.2.2 通报种类及写法

通报分为表彰性通报、批评性通报、情况性通报三类。

(1)表彰性通报。一般包含三部分内容:一是表彰缘由,叙述被表扬单位或者个人的先进事迹;二是表彰决定,指出事件的意义,写明给予相应表彰办法;三是发出号召或希望。

××××大学关于表彰 2010 年优秀毕业生的通报

各学院,校行政各部门、各直属单位:

根据××省人力资源和社会保障厅《关于做好 2010 年非师范类普通大中专学校优秀毕业生评选工作的通知》、××省教育厅《关于做好 2010 年师范类优秀毕业生评选工作的通知》精神以及《××××大学学生奖励条例》规定的优秀毕业生评选条件和评选办法,按照公开、公正的原则,在各学院认真初选和民主评议推荐的基础上,经学校审核,省人力资源和社会保障厅和省教育厅批准,我校共有×××等 428 名毕业生获 2010 年××省优秀毕业生荣誉称号;经学校审核批准,决定授予×××等 468 名毕业生 2010 年××××大学优秀毕业生荣誉称号。现对上述学生予以通报表彰。

希望受表彰的优秀毕业生珍惜荣誉,再接再厉,自觉肩负起建设祖国、服务社会的历史使命,为国家和社会做出贡献,为母校增光添彩。希望全体在校学生以优秀毕业生为榜样,学习他们刻苦学习、立志成才的精神,树立正确的人生观和价值观,志存高远,勇于实践,努力成长为社会需要的高素质人才。各学院、有关部门要宣传优秀毕业生的先进事迹,通过系列活动引导广大在校学生学有榜样、赶有目标,推进校风、学风建设再上新台阶。

附件:1. 2010 年省级优秀毕业生名单
　　　2. 2010 年校级优秀毕业生名单

××市商业局关于表彰
××县商业局×年商业工作成绩显著的通报

各县商业局、局直属各公司：

×年××县商业局认真落实经营责任制，强化企业管理，在市场竞争激烈、商业工作难度较大的情况下，团结广大干部职工，鼓足干劲，扎扎实实做好各项工作，取得了显著的成绩。

一、购销利税全面增长。（略）

二、亏损大户食品行业扭亏为盈。（略）

三、加强网点建设，更好地发挥国营商业主导作用。

鉴于××县××××年商业工作成绩显著，市商业局决定予以通报表扬，希望我市各级产业部门在新的一年中，要学习××县商业局的先进经验，坚持四项基本原则，深入改革，开拓经营，繁荣市场，把商业工作提高到一个新的水平，为发展我市的经济建设做出应有的贡献。

××市商业局

×年×月×日

中共××县委员会
关于表彰王××同志不畏强暴勇斗走私犯罪分子事迹的通报

全县各级党组织：

共产党员王××同志是我县工商管理局一名青年检查员。2010年2月21日清晨，他在对一辆长途客车例行检查任务时，查获走私犯罪分子张××走私黄金×××克，在押送途中，张××以人民币×千元妄图贿赂王××同志，被王××同志严词拒绝后，就凶相毕露拔刀行凶，刺伤王××同志脸部、胸部。王××同志身负重伤，但临危不惧，英勇地与张××搏斗，在群众协助下，终于将犯罪分子张××扭获。

王××同志今年26岁，参加工作4年来，机智地战斗在缉私岗位上，先后破获各种走私案件10余起，连续四年被评为县先进工作者。

鉴于王××同志一贯表现突出，在关键时刻又经受住了严峻考验，特予以通报表扬。

希望各级党组织发动党团员和广大青年，学习王××同志为维护党和人民的利益，不畏强暴，坚决同违法犯罪分子作斗争的英勇事迹，学习他热爱本职工作，出色地完成党交给的艰巨任务的崇高品质，在党和政府的领导下，为我县的各项事业做出更大的贡献。

中共××县委员会

二○一○年三月二日

(2)批评通报。一般包含三部分内容:一是用叙述的语言介绍事件的起因和经过,要文字简洁,交代清楚,但要注意事件的特点;二是对事件进行分析评论,分析事件发生的原因,指出事件的性质及其危害,提出处理结果;三是写出从中得到的经验、教训和今后要求。为防止此类事件再次发生,可提出对症下药的方法和措施;也可重申纪律,提出告诫。

××市卫生局关于医生张××滥用麻醉药品造成医疗事故的通报

各区县、各乡镇医疗卫生单位:

2002年7月5日晚7时25分,××县××镇××村农民李××因下腹部疼痛,被送到××镇卫生院治疗。该院夜班医生张××以"腹痛待诊"处理,为病人开了阿托品、安定等解痛镇静药,肌肉注射哌替啶10毫克。7月6日下午5时许,该病员因腹痛加剧,再次到该卫生院治疗,医生刘××诊断为"急性阑尾炎穿孔,伴腹膜炎",急转市第二人民医院治疗,于当晚7时施行阑尾切除手术。手术过程中,发现阑尾端部穿孔糜烂,腹腔脓液弥漫。切除了坏死的阑尾,清除了腹胀液约300毫升,安装了腹腔引流管条。经过积极治疗,输血300毫升,病人才脱离危险,但身心受到了严重的损害。

急性阑尾炎是一种常见的外科急腹症,诊断并不困难。××镇卫生院张××工作马虎,处理草率,在没有明确诊断以前,滥用麻醉剂哌替啶,掩盖了临床症状,延误了病人的治疗时间,造成了较为严重的医疗事故。这种对人民生命财产极不负责任的做法是很错误的。为了教育张××本人,经卫生局研究,决定给张××行政记过处分,扣发全年奖金,并在全市范围内通报批评。

各单位要从这次医疗事故中吸取教训,加强对职工的思想教育,增强职工的责任感,以对人民高度负责的精神,端正服务态度,提高服务质量。同时,要加强对麻醉药品的管理,认真执行××省卫生厅《关于严格控制麻醉药品使用范围的规定》,严禁滥用麻醉药品。今后如发现违反规定者,要首先追究单位领导的责任。

关于撤销×××厂国家二级企业称号的通报

各省、自治区、直辖市×××厅(局):

一九八四年以来,各有关部委和我部多次发文,强调加强企业管理,充分发挥计量控制作用,……同时明确了定期抽查的时间。

在今年的抽查中发现,×××厂自××××年获得国家二级企业称号以来,放松基础工作,企业管理水平明显下降。抽查组到该厂检查时仍未按照规定如实报告表记统计数字,这种做法是错误的,情节是严重的。为认真执行国家有关部门和本部的规定,决定自即日起撤销×××厂国家二级企业称号。

希望×××厂认真吸取教训,采取措施,认真整改,扎扎实实地做好工作。各有关企业要结合×××厂的教训,按照国家有关规定做好产品计量工作。

请×××省××厅将×××厂国家二级企业证书收回,并报告省经委。

(3)情况通报。一般包含三部分内容:一是叙述情况,交代所通报的事情的概况,概括文字要真实全面、简明扼要;二是分析情况,并加以议论,阐明情况的性质和意义;三是提出指导性或参考性的意见。这种通报以通报情况为主,有时也可加以分析和评论。

×××气象局关于×年度
全省气象部门××××工作情况的通报

各设区市气象局,各直属单位,各内设机构:

×年,全省气象部门各××××机构认真落实全省气象局长会议精神,紧密围绕气象部门中心工作,积极拓宽××××工作思路,圆满地完成了全年××××目标任务。现将有关情况通报如下:

一、×年××××工作基本情况

×年,各××××机构共完成××××项目117项,其中:××××30项,××××25项,××××60项,××××12项。提出建议意见被采纳150条。×××气象局连续8年被评为××××先进单位,×人分别被评为省、市级××××工作先进个人。

二、××××重点任务完成情况

×年,各××××机构坚持科学理念,以加强××××、提高×××××××为重点,深入开展××××工作。

……

三、存在的主要问题

(一)×××××××××××××××。
(二)×××××××××××××。

×××气象局
×年×月×日

×××气象局关于×年全省气象部门综合考评结果的通报

各市气象局,各直属单位,各内设机构:

经全面考核和综合评审,省气象局确定了×年各单位综合考评结果。现通报如下:

一、各市气象局

特别优秀单位：××市气象局、××市气象局、××市气象局。

优秀单位：××市气象局、××市气象局、××市气象局、××市气象局。

达标单位：××市气象局、××市气象局、×市气象局。

二、直属单位

特别优秀单位：××××、×××××××××。

其他为优秀单位。

三、内设机构

特别优秀单位：×××、×××、×××。

其他为优秀单位。

希望各单位认真总结经验，发扬成绩，克服不足，在新的一年里再接再厉，开拓创新，圆满完成×年各项工作任务。

×××气象局
×年×月×日

(4)批评性通报和批评性情况通报的区别

■侧重点不同。对比例一和例二，可以看出：批评性通报侧重于分析错误的性质、危害，错误产生的根源，并说明造成错误者必须担负的具体责任，提出严重批评。它通过批评，要求人们从中吸取教训，引起警觉，防止同类事件再次发生。批评性情况通报侧重于对情况的叙述。它通过有重点和有针对性的介绍，使受文单位了解问题产生的根源、预防措施，也有提醒有关单位防患于未然的作用。它的目的是促进有关单位内部了解情况，正视问题，针对本单位薄弱环节进行调整、修正，从而达到推动工作进展的目的。

■两者的篇幅不同。因为批评性情况通报侧重于对情况的叙述，一般而言，它比批评性通报占更大的篇幅。

例一：批评性通报

×××向货主勒索钱物的处理通报

直属各单位：

我公司运输员×××，自2001年4月4日至13日，利用发货职权，在××客运码头先后向七个提货的货主明目张胆地进行勒索，有些货主不答应，×××就采取不发货、不点数、不放行的手段进行刁难。经查实共勒索钱物折合人民币×××元。

×××所勒索的金额虽不多,但手段恶劣、性质严重,引起货主的强烈不满,严重破坏了商业信誉,使货运工作受到一定的损失。在5月25日的《××晚报》揭露其勒索行为后,本人态度恶劣,拒不认错。×××的做法损害了公司一直以来良好的信誉,影响极坏,为严肃纪律,整顿作风,经董事会研究,公司决定给予×××开除公职留用察看两年的处分,并责令其将勒索的钱物退回给有关货主,向货主赔礼道歉,做出深刻检查。

为了杜绝类似事件的发生,各单位要联系本单位的实际,进一步加强对职工的职业道德教育,建立良好的商业风尚。同时,要严肃行业纪律,建立健全各项规章制度,堵塞漏洞,对违反纪律、以权谋私的人和事,都应严肃处理。

×××运输公司

2002年2月15日(公章)

例二:批评性情况通报

国务院办公厅关于部分地区违反国家棉花购销政策的通报

国办发〔1994〕94号

各省、自治区、直辖市人民政府,国务院各部委、各直属机构:

今年新棉上市以来,各地认真贯彻国务院棉花政策,采取坚决措施整顿棉花流通秩序,棉花收购大局是稳定的。但是,仍有一些地方、单位和个人置国家政策和法纪于不顾,私自收购棉花,公然扰乱棉花流通秩序,经核查,国务院决定予以通报。

一、一些乡(镇)政府和村办轧花厂非法从事棉花收购、加工、经营活动。安徽省涡阳县曹市镇政府自办轧花厂,在全国棉花工作会议后,仍然明文规定,严禁将棉花卖给镇政府以外的经济单位,对将棉花卖给供销社的不算交售任务,否则,镇政府要一律没收。江西省万年县珠山乡政府自办轧花厂……(略)

二、有的棉纺厂非法收购棉花,扰乱棉花收购秩序。河南省辉县太阳石棉纺厂在全国棉花工作会议后,仍高价抢购棉花。在有关部门对该厂进行检查处理的过程中,该厂负责人拒绝检查……(略)

三、有的国有农场扰乱正常的购销秩序,高价抢购,非法经营棉花。(略)

四、有的县政府支持非棉花经营部门假借良种棉加工厂名义非法收购棉花。(略)

五、个体棉贩非法收购、加工棉花,扰乱市场秩序。(略)

对上述违反国家棉花购销政策的问题,有关省人民政府的态度是明确的,已责成市、县政府采取措施,予以查处纠正。但从了解的情况看,有的市、县政府已经采取措施纠正,有的尚未处理。请有关省人民政府按国务院〔1994〕52号文件精神继续严肃查处,将结果报国务院。同时,各地都要引以为戒,要毫不放松地加强对棉花市场的管理,密切注视收购动态,严肃查处棉花购销活动中的违法违纪案件。各地凡是过去制定的与国务院文件不符的规定或政策应一律纠正,要坚决地始终如一地贯彻国务院制定的棉花政策,维护正常的棉花流通秩序,确保今年棉花购销工作顺利进行。

国务院办公厅(盖章)
一九九四年十月二十三日

总之,不管哪种性质的通报,都是大同小异,包括三部分:情况+分析+要求。

课堂练习:改错题

表彰通报

市×××化工厂,采取有力措施,切实贯彻《安全生产条例》,建立安全生产岗位责任制,实现全年生产无事故。成为市第一个安全生产年企业,为此,政府决定对×××化工厂通报表彰。

存在的问题:1.标题三要素不全;2.事件叙述太简单;3.没有要求、号召等。
修改后的范文:

×××市政府关于对市×××化工厂实现安全生产年的表彰通报

市×××化工厂采取有力措施,切实贯彻《安全生产条例》,建立安全生产岗位责任制,1993年实现全年生产无事故,成为我市第一个安全生产年优秀企业。为此,市政府决定对×××化工厂给予通报表扬,并奖给锦旗一面,奖金×××××元。

市政府号召全市各企业以×××化工厂为榜样,层层建立健全安全生产岗位责任制,扎扎实实抓好安全生产,争创安全生产年企业,把我市安全生产推上一个新台阶。

5.3 报告

5.3.1 报告的概念和特点

(1)概念
报告适用于向上级机关汇报工作、反映情况,回复上级机关的询问。

(2)特点

报告具有以下五个特点:内容的汇报性;语言的陈述性;行文的单向性[第一只能是上行文;第二不需要上级批复(回复)];成文的事后性;双向的沟通性。

5.3.2　报告的种类和写法

(1)综合性报告

是下级机关为了使上级机关全面了解下级机关情况,掌握全局,指导下级机关工作而写的公文。其主要特点是,汇报的情况和反映的问题比较全面。

把握三点:一是开头,概括说明全文主旨,开门见山,起名立意。将一定时间内各方面工作的总情况,如依据、目的,对整个工作的估计、评价等作概述,以点明主旨。二是主体,内容要丰富充实。作为正文的核心,将工作的主要情况、主要做法、取得的经验、效果等,分段加以表述,要以数据和材料说话,内容力求既翔实又概括。三是结尾,要具体切实。写工作上存在的问题,提出下步工作具体意见。最后可写"请审阅"或"特此报告"等语作结。

国务院批转煤电油运和抢险抗灾应急指挥中心
关于抢险抗灾工作及灾后重建安排报告的通知

国发〔2008〕6号

各省、自治区、直辖市人民政府,国务院各部委、各直属机构:

国务院同意煤电油运和抢险抗灾应急指挥中心《关于抢险抗灾工作及灾后重建安排的报告》,现转发给你们,请认真贯彻执行。

2008年1月中旬以来,我国经历了一场历史罕见的低温雨雪冰冻灾害,持续时间长,影响范围广,危害程度深。在党中央、国务院的领导下,各地区、各部门和广大干部职工、人民解放军、武警官兵及公安民警,按照"保交通、保供电、保民生"的工作要求,奋起抗灾,顽强拼搏,取得了重大的阶段性胜利。

目前,救灾和灾后重建任务仍十分繁重,抗击低温雨雪冰冻灾害斗争由应急抢险抗灾转入全面恢复重建阶段。各地区、各部门要继续加强领导,精心组织,早谋划、早部署、早启动,统筹人力、物力、财力,尽快恢复重要基础设施,尽快恢复工农业生产,尽快安排好受灾群众生活,尽快恢复正常的生产生活秩序,努力把这场灾害造成的损失减少到最低程度,奋力夺取抗灾救灾斗争的全面胜利,确保国民经济平稳运行,确保社会和谐稳定,为实现全年经济社会又好又快发展创造条件。

国务院
二〇〇八年二月十五日

关于抢险抗灾工作及灾后重建安排的报告

现将雨雪冰冻灾情、抢险抗灾工作进展情况以及下一阶段工作安排意见报告如下：

一、我国经历了一场历史罕见的低温雨雪冰冻灾害

从 1 月 10 日到 2 月 2 日，我国南方地区先后出现四次大范围低温雨雪冰冻过程。这次灾害性天气正值春运高峰，持续时间长、影响范围广、危害程度深，多数地区为 50 年一遇，部分地区为百年一遇。全国有 19 个省（区、市）不同程度受到影响，其中湖南、贵州、江西、广西、湖北、安徽、浙江 7 省（区）最为严重。持续低温雨雪冰冻天气造成多种灾害并发，给人民群众生命财产和工农业生产造成重大损失，正常生产生活秩序受到极大影响。

（一）电力设施严重损毁。全国有 13 个省（区、市）电力系统运行受到影响，170 个县（市）停电。截至 2 月 11 日，110 千伏及以上线路倒塌 8709 基，断线 2.7 万余条，变电站停运 1497 座。贵州、江西 500 千伏电网一度基本瘫痪，电网解列运行，西电东送通道中断。湖南电网 500 千伏和 220 千伏变电站有 1/3 停运。

（二）交通运输一度严重受阻……

（三）电煤供应告急……

（四）农业生产遭受重大损失……

（五）灾区工业企业大面积停产……

（六）灾区群众生活受到严重影响……

二、抗灾救灾斗争取得重大的阶段性胜利

面对突如其来的罕见灾害，在党中央、国务院正确、坚强、具体的领导和指挥下，各地区、各部门广大干部群众紧紧围绕"保交通、保供电、保民生"的总体要求，顽强拼搏，奋起抗灾；各级领导干部深入一线，靠前指挥；共产党员不畏艰险，冲锋在前；人民解放军、武警官兵迅速出动，全力以赴；社会各界同舟共济、众志成城，全力投入抗灾救灾攻坚战。目前，抗灾救灾取得了重大的阶段性胜利。

（一）在"保交通"方面……

（二）在"保供电"方面……

（三）在"保民生"方面……

（四）在"保交通、保供电、保民生"的工作中，人民解放军、武警部队和广大公安民警做出了重大贡献……

（五）在抢险抗灾应急保障方面，有关部门和单位发挥了重要作用……

（六）在抢险抗灾对内对外宣传报道方面，把握了正确的舆论导向。在中央宣传部、新闻办的统一组织下……

三、全力做好下一阶段恢复重建工作

全国抢险抗灾工作取得了重大的阶段性胜利。但是，近期部分地区仍有低温雨

雪冰冻天气,春运旅客返程高峰已经开始……确保经济平稳运行,确保社会和谐稳定,为实现全年经济社会又好又快发展创造条件。重点做好以下工作:

(一)抓紧修复基础设施。修复和重建受损的基础设施,要坚持规划先行、统筹协调,突出重点、分步实施,立足当前、兼顾长远,企业为主、政府支持。

灾后基础设施修复的重点是加快电网恢复重建。现在尚未修复的500千伏和220千伏主网架线路,大多架设在海拔较高的山区,施工条件差,物资运送困难。随着气温回升,要全面展开受损高压网架修复工作。一是明确目标。要尽快实现全国电网安全稳定运行。国家电网公司要在2月21日前恢复京广线剩余3个牵引站供电;3月10日前完成对主网重要受损设备的修复、重建,恢复主网运行方式;3月底前完成各受灾地区电网设备的修复和重建并恢复电网正常运行。中国南方电网有限责任公司要在3月5日前全部修复受损的220千伏和110千伏电网,基本恢复灾区供电;力争3月底前修复500千伏电网和西电东送主通道,全面恢复正常供电。受灾地区人民政府也要明确地方小电网的灾后重建目标。二是落实责任。两大电网公司负责本公司输配电受损设施的恢复重建工作,有关省级人民政府负责当地小电网的恢复重建工作。应急指挥中心抢修电网指挥部加强统筹协调。中央和省级人民政府对地方小电网的恢复重建资金给以适当补助。三是制订规划。进一步查清受损电力设施的数量、地点、性质、程度,细化重建方案,明确工作任务。对于必须尽快修复的直接影响居民生活和工农业生产的线路,按原设计方案就地实施抢修,尽快恢复供电,以后再根据情况改造加固,提高抗灾能力;对于海拔较高、倒塌数量大的线路,经科学论证后,适当提高覆冰设防标准或采取局部加强等措施重建。四是调配力量。两大电网公司要根据抢修需要,集中人力物力保证恢复重建目标的按期实现,必要时可请人民解放军和武警部队协助。地方政府要给予大力支持。两大电网公司对抢修小电网要给予技术支持。五是保障物资供应。对电网修复重建所需物资,有关设备和物资生产企业要抓紧生产,应急指挥中心负责统筹衔接,铁路、交通等部门提供运输保障,确保所需物资和设备及时运达施工现场。六是保证质量和安全。电网修复重建工作要严格遵守操作规程,确保施工质量。加强安全生产管理,防止抢修和重建过程中发生事故。

交通部门要把恢复性重建与适应性发展结合起来,抓紧组织实施清理公路塌方、恢复路基缺口及挡土墙等工程。铁路、民航部门也要组织尽快修复受损设施。建设部门要组织好城镇供水管网的修复,3月底前全面恢复正常供水,4月底前城镇污水处理设施基本恢复正常运行。信息产业和广播电视部门要组织基础电信运营企业和电视台、广播电台修复受损的供电、基站、线路、发射台等设施。气象、教育、卫生、旅游等部门也要抓紧组织本系统受损设施的恢复重建工作。各级人民政府要对公用设施和社会事业设施恢复重建给予适当补助。

工矿企业受损情况正在进一步调查。企业要立足生产自救,保险公司要及时定损、理赔,金融机构要积极支持帮助解决资金困难。

(二)尽快恢复农业生产……

(三)加强煤电油运保障……

(四)妥善安排受灾群众生活……

(五)着力防治次生灾害……

这次灾害造成的损失巨大,灾后重建任务十分繁重。灾区各级人民政府要继续加强领导,进一步核实受灾情况,科学编制灾后恢复重建规划,精心组织实施。国务院有关部门要认真履行职责,加强指导。要继续发挥人民解放军和武警部队在灾后重建中的重要作用。应急指挥中心要加强协调,督促检查。灾后恢复重建资金要通过企业自筹、银行贷款、保险赔付、财政支持等多渠道筹集。坚持自救为主、政府支持,地方为主、中央补助。中央财政重点支持重灾地区、重点领域和生活最困难的群众。

各地区、各部门都要认真反思这次持续低温雨雪冰冻灾害暴露出的矛盾和问题,总结抢险抗灾的经验教训,不断提高突发事件的应急处置能力。

国务院煤电油运和抢险抗灾应急指挥中心
二〇〇八年二月十三日

(2)专题性报告

是为了向上级着重汇报某项工作和某个问题,以使上级了解情况,做出指示而写的公文。专题报告的特点是内容专一。

正文可采用"三段式"结构法。以反映情况为主的专题工作报告主要写"情况＋存在的问题＋今后的打算和意见",重点是讲明情况;以总结经验为主的专题工作报告主要写"情况＋经验＋略写不足之处和改进措施",重点是介绍经验;因工作失误向上级写的检查报告主要写"错误的事实＋产生错误的主客观原因、造成错误的责任＋处理意见及改进措施等",重点是原因和措施。

国家旅游局关于2003年"十一"黄金周情况的报告

亿万群众参与。全国人民关心的2003年"十一"黄金周已经顺利落下帷幕。在党中央、国务院的高度重视和有力部署下,在相关部门和接待单位的大力配合、共同努力下,在各级假日旅游协调机构的精心组织、周密安排和有力协调下,"十一"黄金周比较圆满地实现了国务院领导同志提出的健康、安全、秩序、质量四统一的目标,接待游客总量和旅游总收入均创历次黄金周最高水平。现将有关情况报告如下:

一、"十一"黄金周的基本情况

(一)出游规模和旅游收入创历次黄金周新高。经国家旅游局、国家统计局统计,"十一"黄金周期间,全国共接待旅游者8999万人次,比上年"十一"黄金周增长11.5%。其中,过夜旅游者2407万人次,比上年同期增长7.6%;一日游游客达6592

万人次,比上年同期增长13%。全国实现旅游收入346亿元人民币,比上年同期增长13.1%。旅游者人均花费支出384元人民币,比上年同期增长1.3%。近9000万人次的人员大流动,有力地拉动了内需,促进了相关产业的发展。"十一"黄金周期间,民航客运收入达16.5亿元,铁路客运收入达10.6亿元,分别比上年同期增长29.9%和6%。31个重点旅游城市监测的136家商业企业,共实现销售收入29.64亿元,比上年同期增长18.89%;监测的140家餐饮企业,共实现营业收入2.21亿元,比上年同期增长17.12%。

(二)安全情况总体良好。安全是旅游业的生命线,没有安全就没有旅游。全国假日旅游部际协调会议各成员单位、地方各级假日办和旅游经营企业,按照国务院第22次常务会议提出的健康、安全、秩序、质量四统一的要求,在黄金周前普遍组织开展了安全大检查,细化了旅游接待各个环节上的安全保障和督查工作,有效地保障了黄金周的安全运行。从9月30日下午1点到10月8日上午8点,全国假日办总共接到旅游安全事故报告6起,其中:有2起是旅游团队发生的道路交通事故,各造成1名导游死亡;有2起是因涨潮和风化石坠落引起的意外事故,各造成1名散客死亡;有1起是造成游客轻伤的道路交通事故;有1起是未造成任何伤亡事故的游览活动中的事故。旅游安全情况总体良好。

(三)健康保障情况总体令人满意。各级假日协调机构都把防控非典和其他传染性疾病、预防重大食物中毒事故工作放在突出位置。为此,作为全国假日旅游部际协调会议成员单位的卫生部,早在9月初就对黄金周期间疾病预防控制、医疗救治及卫生监督工作作了周密部署;国家食品药品监管局也加强了对重点旅游城市和旅游景区的食品药品监督管理;交通及旅游接待各个单位,都落实了预防措施和防控预案;黄金周期间,许多大景区都设立了医疗服务站(点)。黄金周期间,全国没有发现1例非典或其他传染病病例。从9月30日下午1点到10月8日上午8点,全国假日办总共接到2起关于游客用餐后发生腹泻的投诉,有关游客经诊断治疗后,已很快痊愈。

(四)市场秩序总体健康。经过前8个黄金周的实践,以前容易造成交通拥堵、景区拥堵的薄弱环节得到了加强,为这个黄金周的健康运行创造了条件。黄金周期间,各级假日旅游协调机构组织当地旅游、工商、公安、物价、质量技术监督等部门又开展了联合执法,有的还在景区内联合设立咨询投诉点,进一步保障了旅游秩序和质量。总体来看,"十一"黄金周期间,各主要旅游城市和主要景区秩序井然,没有发生恶性拥堵事故,旅游区(点)的游览环境进一步优化。

(五)旅游综合接待能力和服务质量不断提高。"十一"黄金周,旅游产品更加丰富多彩,住宿接待供应总体充裕,旅游服务内容和服务质量有新的改进。尽管今年"十一"黄金周出游人数创历次黄金周最高,但并未出现井喷现象。

"十一"黄金周的成功举办,展现了我国人民在党中央、国务院领导下,万众一心,奋发向上,为全面建设小康社会努力奋斗的时代风貌,全面推动了非典过后我国旅游业以及铁路。交通、民航、城市出租汽车和餐饮、商业等相关行业的恢复和振兴,有力地拉动了内需,繁荣了地方经济,促进了产业结构调整,满足了人民群众日益增长的旅游需求。旅游业作为国民经济新的增长点和服务业中龙头产业的形象,在全国各地更加鲜明地树立起来。同时,也为迎接党的十六届三中全会的召开营造了良好氛围。

二、"十一"黄金周工作的主要特点

(一)党中央、国务院的高度重视,为黄金周的成功举办奠定了坚实基础。今年的"十一"黄金周是全国人民在党中央、国务院领导下夺取抗击非典胜利后迎来的第一个黄金周,也是新一届政府组成后实施的第一个黄金周。国务院领导同志十分重视,于9月初批准了国家旅游局关于举办"十一"黄金周的报告,温家宝总理等领导同志做出了重要批示;9月17日召开的国务院常务会议,又专门研究部署了"十一"黄金周工作,提出了实现"健康、安全、秩序、质量"四统一的目标和精心组织,周密安排,落实责任,加强协调的指导方针,并要求抓好把旅游安全放在首位、做好健康安全保障工作、加强旅游工作的组织协调和管理、统筹安排好值班工作等四件大事。各级政府和相关部门认真学习贯彻国务院领导同志的批示和决策,为"十一"黄金周的成功举办奠定了坚实基础。

(二)各级政府及其假日办认真组织、积极协调指挥,为黄金周的顺畅运行提供了组织保障。全国假日旅游部际协调会议在9月3日下发的关于认真做好"十一"黄金周各项工作的通知,就传达了国务院领导同志的重要批示,对做好"十一"黄金周准备工作作了全面部署;9月17日国务院常务会议研究部署了"十一"黄金周工作后,全国假日旅游部际协调会议各成员单位及地方各级政府又认真学习,狠抓责任落实,从行业和地方两个方面为做好"十一"黄金周工作提供了组织保障。各省区市的主要领导高度重视这次黄金周工作。北京市代市长王岐山等都对本地黄金周工作做出了重要指示;陕西省省长贾治邦等还在黄金周期间亲自带领有关部门负责人赴景区一线检查工作。一些重要旅游城市和景区的主要领导则深入黄金周工作第一线协调指挥,及时有效地解决了各种问题。

(三)假日协调工作机制进一步完善,驾驭黄金周工作的能力进一步提高。按照国办发〔2000〕46号文件建立的全国假日旅游部际协调会议制度已经形成了一套行之有效的工作制度、工作规范和工作方法。这次黄金周前,又进行了调整充实,增加了国家质检总局、国家安全生产监管局、中国气象局、国家食品药品监管局等部门,使得全国假日旅游部际协调会议的工作层面进一步完善,协调指挥功能进一步强化。9月19日,调整充实后的全国假日旅游部际快调会议在国务院副秘书长、全国假日旅游部际协调会议召集人徐绍史同志的主持下召开第一次会议,国家旅游局局长、全国假日旅游部际协调会议办公室主任何光暐同志传达了国务院常务会议精神和温家宝总理等国务院领导同志的重要指示,会议进一步明确了各成员单位在黄金周期间的工作职责和主要任务。铁道部。交通部、民航总局根据今年"十一"旅游黄金周的客流量将会比去年同期增长的预测,专门做了运力调度,安排机动运力,同时制定了安全保障、非典防控等紧急预案。国家质检总局、国家安全生产监管局派出督察组,督察重点省(自治区、直辖市)黄金周假日旅游安全保障工作落实情况。公安部、卫生部、商务部、国家食品药品监管局、中国气象局、国家宗教局等部门,积极做好黄金周相关工作。国家旅游局作为全国假日旅游部际协调会议办公室的常设机构,认真抓好全国假日旅游的各项综合工作和协调指挥工作。在黄金周前后十几天里,及时汇总通报旅游信息,帮助游客排忧解难。

(四)黄金周已被更多的行业视为巨大商机,黄金周效应进一步拓展延伸。除了旅游、民航、铁路、交通、商业、餐饮等行业外,在这个黄金周中,农业、工业、文化、体育、图书销售、影视、汽车乃至房地产业,也都将其视为重要的商机,积极介入并扩展市场。众多的工农业旅游点成为游客的新宠;成都举办的花博会,鲜花成交额达50多万支,所签各类合同销售额达500多万元;北京举办的地坛书市,吸引了众多游客选购,七天中有60多万人光顾,销售额达3000多万元;在售楼处或车市过节,也成为很多地方百姓生活的一大时尚。

三、"十一"黄金周反映出的有关问题

今年"十一"黄金周,总体上实现了健康、安全、秩序、质量四统一的目标,但也还存在着一些问题。主要是,反映民航航班误点等老问题依然存在,反映旅行社接待方面问题的投诉较多。黄金周期间,全国假日办共受理投诉334件,其中反映旅行社问题的有121个,占投诉总量的36%,说明整顿和规范旅游市场秩序的工作仍然艰巨,要进一步提高旅行社总体素质,增强其应对黄金周的能力。对于在"十一"黄金周期间因各种过失或处置不当而被游客投诉的旅行社,全国假日办将汇总情况,发出通报,责成地方旅游管理部门核实情况,对情节严重的旅行社的当事人做出严肃处理。

"十一"黄金周中,我国居民迸发出的巨大旅游热情,再一次证明了我国旅游业发展的巨大潜力。进一步加强对旅游的引导和管理,促进我国旅游业的发展,对于拉动内需、促进经济结构调整、推动相关产业的发展、扩大就业、增加财政收入具有重要意义。国家旅游局将进一步做好这方面的促进和引导工作,并会同各相关部门,继续做好黄金周的组织协调和管理工作,全面推动我国旅游业的恢复和振兴,为我国早日实现全面建设小康社会的目标作出更大贡献。

(3)答复报告

根据上级机关或领导的查询、提问,有针对性做出报告,要突出专一性、时效性。

正文开头一般先引用上级来文(或领导批示要求、函电)作为"依据",然后用"现将……报告如下"作过渡语,转入正文的详细叙述。答复报告结尾常用"专此报告""以上报告如有不妥,请指正"表述。

××市人民政府关于治理××河水质污染的问题的报告

××省人民政府：

  省政府转来×××××委员会提出的《关于××河水质污染状况的报告》，经市委市政府研究，对报告中提出的有关问题及解决方案报告如下：

  一、解决××河水质污染问题的关键是尽快建成××区污水处理厂（略）

  二、热电厂的粉煤炭也是污染源之一。解决方案……（略）

  三、略。

  特此报告

××市人民政府（盖章）
××年×月×日

（4）建议报告

  第一，与一般工作报告不同，它不侧重汇报工作情况，而是侧重于普遍存在的问题，提出意见或建议。因此其表达方式是在概括叙述事实的基础上加强分析和说理。第二，所提出的意见或建议要具有科学性和可行性，在表述上多用条款式。要求条理清楚，陈述简练、准确。

关于开展强化免疫活动消灭脊髓灰质炎的报告

国务院：

  一、自我国开展计划免疫工作以来，脊髓灰质炎疫苗接种率提高，发病率显著下降，取得了可喜成绩。但是，由于我国地域辽阔、人口众多，部分地区计划免疫工作落实不力，目前全国仍有一些地区出现疫情，时有暴发流行。

  各级政府要加强领导，将强化免疫工作切实纳入议程，实行目标管理并依据全国实施方案制定本地工作计划，落实经费安排，采取有力措施，认真组织实施。卫生及有关部门要按照各自职责，做好疫苗的生产、储运、供应、发放和指导服务工作。机关、团体、企事业单位和城乡基层组织，要做好所属范围的强化免疫工作，每位家长应主动促使孩子服用疫苗。公众传播媒介要广泛进行宣传，普及知识，增强免疫保护意识，做到家喻户晓，人人参与。

  二、在冬季，脊髓灰质炎病毒传播能力最弱，在此期间开展强化免疫活动，是能否消灭脊髓灰质炎的关键。为此，决定从现在起至一九九五年一月期间，每年的十二月五日和一月五日，对全国所有四岁以下儿童各加服一次疫苗。各地要按照全国实施方案的要求，统一部署，统一行动，在保证一般对象服用疫苗的同时，重点做好流动、暂住和漏服儿童的服用疫苗工作。

三、各地区要认真做好疫苗服用的统计、考核、检查、评价和总结工作。各省、自治区、直辖市卫生厅(局)于每年三月十五日以前,将统计报表和工作总结报送卫生部。

以上意见如无不妥,请批转各地区、各部门执行

卫生部
一九九三年十月二日

5.3.3　报告写作的注意事项

(1)要正确把握综合报告的写作特质及要求。综合报告,需要处理好三种关系:一是"点"与"面"的关系;二是"详"与"略"的关系,综合报告的内容极其丰富,它要涉及本机关或本地区各方面的工作或事件的情况,但由于报告篇幅所限,又不可能将所有材料都写进去,这就要求撰写时必须对材料进行合理的安排和组织,做到重点突出、详略得当、主次分明;三是"事"与"理"的关系。撰写时既要将有关的事实情况详尽、具体地加以叙述,又要对其进行必要的分析,提出问题的实质,说明本机关已经做的工作或拟采取的解决办法。

(2)篇幅要简短,用语要精炼。报告的篇幅一定要简短,力求以少胜多,一般应控制在 3000 字以内。

(3)要切实把握报告写作的通用规则。就是人们通常所讲的"三段式","三段式"表现为多变状态,主要有:情况—做法—问题或意见;情况或做法—问题—今后意见;情况—问题—今后意见;情况—原因或责任—下步做法;情况—原因—责任及处理意见;情况—问题—建议等。

(4)专题报告,要一事一报,体现其专一性,切忌在同一专题报告中反映几件各不相干的事项和问题。

(5)切忌将报告提出的建议或意见当作请示,要求上级指示或批准。结语禁用。

(6)结尾处"特此报告"一类结语,由于词语既无实际意义,也无结构作用,一般不用。如果写成"以上报告当否,请指示""特此报告,请批复""妥否,请批示",就更错误,因为如上述,报告是无须上级回复处理的文种。

5.4　请示

5.4.1　请示的概念和特点

适用于向上级机关请求指示、批准。

请示和报告的异同:相同之处是两个都是写给上级的上行文,公文里都有反映情况、提出意见的内容。区别是:第一,时间有别。请示一般是事前行文,报告一般是事后或事中行文;第二,内容的侧重点有别。请示着重于请示批准,报告着重于汇

报工作；第三，行文目的不同，请示要得到上级的批复，报告则不必，只供上级参考。

请示的特点：针对性、呈批性、单一性、时效性。

5.4.2 请示的写法

请示的主送机关是直接上级，只有一个，党政分开，一般不越级请示。

正文一般由三部分组成：请示理由、请示事项、请示结语。

请示理由是文章的开头部分，常是导语式的，要扼要地讲明请示的背景和根据，及概括地写出请示事项。复杂的一般写成一段话，简单的则就以一句话为之。

请示理由之后，可以有过渡语。它们的基本的格式是"现就有关事项如下"，随之点上冒号。但是一般情况下不写。

请示事项是请示的中心部分，要写得具体，条理清楚，说服力强。请示内容包括提出请示事项和阐述说明道理或事实两项内容。提出请示事项要详细，阐述说明道理要充分，只有这样才能使有关领导心中有数，易下决心。

请示结语是请示的结尾部分，一般是另起一行空两格书写，请示结语语气要谦恭。请示结语的通常写法是："特此请示，请审批""以上意见当否，请指示""特此请示，请批复""妥否，请批示"等。

××市人民政府关于建立××市体育学校的请示

××省人民政府：

我市体育事业在省委、省政府的关怀下，有了一定发展，在开展群众性体育活动，提高运动技术水平方面取得了一些成绩。但是，近年来我市运动技术水平与兄弟地、市相比有下降趋势。其原因之一是我市体育师资严重缺乏。全市有中小学5636所，有体育教师1600人，其中学过体育专业的只有286人，这种状况已影响到基础训练。此外，我市重点业余体校毕业生的出路问题不能解决，不仅造成体育人才的大量外流，而且严重影响了这所体校的招生，使重点业余体校日渐失去生机与活力。这些问题的存在对全面提高我市的教育质量，为国家培养和输送优秀人才，产生了十分不利的影响。

鉴于上述情况，我们认为，我市急需建立一所以培养体育师资和优秀运动员为目标的体育学校，因此，拟将市重点业余体校改办成中等专业性质的体育学校。具体办学意见如下：

一、学校名称：(略)

二、学制及课程设置：(略)

三、招生对象及规模：(略)

四、场地设施：(略)

五、师资：(略)

六、经费:(略)

妥否,请批示。

××市人民政府
二〇〇一年六月四日

在写请示时,应当注意以下一些事项:

(1)正确选用文种,请示和报告要区分开,不要把请示写成报告或请示报告,禁用《×××关于××××××的请示报告》;

(2)要坚持一文一事;

(3)避免多头请示(请示应主送直接主管机关或主管领导,其他确需了解请示事项的领导机关或领导人,采取抄报形式处理。如是受双重领导的机关,也应根据请示内容,选择送一个领导机关,由主送机关答复请示的问题,对另一领导机关采取抄报形式);

(4)避免越级请示;

(5)避免直接送领导个人。除领导直接交办的事项外,请示不要直接送领导者个人,或既写主送机关,又同时主送、抄送给主送机关领导人。

5.5 批复

5.5.1 批复的性质和特点

批复是上级机关答复下级机关的请示事项,是与请示配合使用的下行文。具有权威性、单一性(针对性)和及时性等特点。

5.5.2 批复的写作

(1)标题。批复的标题有两点需要特别强调:

■关于发文机关。批复的发文单位即行文主体,既不能不写,也不能随意略写或简化。

■关于事由。批复的事由大致有两种写法,一种是用介词"关于"加上请示或批复的事项来表述,如《国务院关于抢修塔尔寺古建筑群的批复》;另一种是在"关于"和请示或批复事项中间再插入一个表态动词"同意"来表述,如《国务院关于同意开放×××航空口岸的批复》。

(2)主送机关。上报请示的机关。

(3)正文。批复的正文一般由三个部分组成:

一是引语。批复的开头通常要引述来文作为批复的依据,引述的方法有四种:第一种,请示日期+收悉,如"×年×月×日来文收悉";第二种,请示日期+文号+

收悉,如"×年×月×日(×号文)收悉";第三种,引请示日期+请示标题+收悉,如"×年×月×日《关于……的请示》收悉";第四种,请示文日期+请示事项+收悉,如"×年×月×日关于……问题的请示收悉";第五种(最常用),请示标题+文号+收悉,如"你省《关于抢修塔尔寺古建筑群的请示》(青政〔1991〕107号)收悉"。

二是主文。主文是批复的主体,这部分应针对下级机关请示的事项,表示同意与否的态度,有时还要阐述同意或不同意的理由。答复请示事项针对性要强,答复要明确具体,简明扼要,表达要准确无误。

三是结尾。有三种写法:第一种是提行写"此复"或"特此批复";第二种是写希望和要求,给执行请求事项的答复指明方向;第三种是秃尾,就是请示事项答复完毕就告结束,此种结尾方法使用的频率越来越高。

国务院关于抢修塔尔寺古建筑群的批复

青海省人民政府:

你省《关于抢修塔尔寺古建筑群的请示》(青政〔1991〕107号)收悉。现就有关问题批复如下:

一、塔尔寺古建筑群是藏传佛教的重要寺院和全国重点文物保护单位,在国内外具有重要的影响。维修好塔尔寺,对进一步贯彻落实党的民族、宗教政策,促进民族团结,保护好国家重点文物,都有重要的意义。请你省加强领导,组织力量,把维修塔尔寺的工作切实抓紧做好。

二、考虑你省财政的现实情况和目前中央财政的实际困难,决定给予塔尔寺维修工程一次性补助2000万元。对维修经费要精打细算。节约使用,并保证专款专用。维修经费的不足部分,由你省自行解决。

三、维修工程所需物资原则上由你省自行解决。本省解决确有困难的,可与国家有关部门协商解决。

特此批复

国务院
一九九一年九月十七日

××市旅游局关于同意设立××××旅行社有限公司的批复

×××旅游有限公司:

你公司变更旅行社名称的申请收悉。

根据《旅行社管理条例实施细则》第三章第十六条第一款的规定,同意你公司名称变更为××××旅行社有限公司。

此复

×× 市旅游局
二〇〇三年四月十七日

5.6 函

5.6.1 函的概念

适用于不相隶属机关之间商洽工作、询问和答复问题、请求批准和答复审批事项。函的使用范围广泛,涉及各方面的公务联系。函是一种平行文种。

5.6.2 函的种类

函的种类分为:询问(商洽)函、答复函。

5.6.3 不同种类函的写法

(1)询问(商洽)函的写法

■标题格式:关于＋商洽事项＋文种。例如《××××超市总公司关于租借中央商场五楼开设超市的函》

■正文:简明扼要写明商洽原因及商洽事项。

■结尾:惯用语"特此函达,请即函复"。

××××超市总公司关于租借中央商场五楼开设超市的函

××中央商场:

我公司为了扩大连锁超市的经营规模,方便顾客,特别是外地商客的购买需求,进一步繁荣南京的商业市场,拟租借你商场五楼目前闲置的商场楼面,开设蔬果超市中央商场店,望你商场能大力协助,满足我们的要求。

特此函达,请函复

××××超市总公司(公章)
二〇一〇年十月二十二日

(2)答复函的写法

■标题格式:关于＋答复单位名称＋答复事项＋文种。例如《××中央商场关于××超市向我商场商洽租借五楼开设超市的复函》。

■正文:首先开头一般习惯语:"你单位(对方商洽函标题或发文字号)函收悉,

经研究答复如下:";然后要明答复意见;最后结语一般为"此复"或"特此函复"。

××中央商场关于××超市向我商场商洽
租借五楼开设超市的复函

××××超市总公司:

你公司苏超函〔2010〕20号收悉,经研究现答复如下:

你公司欲租借我商场五楼闲置楼面开设超市,这既可方便顾客的购买需求,同时又盘活了我商场的闲置资源,扩大了我商场的经营规模和种类。因此,同意你公司到我商场五楼开设超市。具体事项请面议。

特此函复

××中央商场(公章)
二〇一〇年十月三十日

5.6.4 函的写作要求

(1)要一函一事,切忌一函数事。

(2)要体现平等坦诚精神,文字恳切得体、简洁朴实,用语谦和有礼切不可盛气凌人。

5.7 纪要

老办法叫"会议纪要"。

老办法:第九条第13款会议纪要。适用于记载、传达会议情况和议定事项。

新条例:第八条第15款纪要。适用于记载会议主要情况和议定事项。

新老办法对比,整体没有什么区别。

5.7.1 概念和特点

适用于记载会议主要情况和议定事项。

纪要与会议记录不同。会议记录是原汁原味,没有经过加工的;纪要是根据会议记录和会议文件以及其他有关材料加工整理而成的,是用简要的语言概括会议精神和中心内容。需要下发执行的纪要,可以"通知"形式发出。

纪要有以下几个特点:

1. 综合性(概括性)。纪要是在对会议中各种材料、与会人员的发言以及会议简报等等进行综合分析和概括提炼基础上形成的,它具有整理和提要的基本特点。

2. 指导性。一是会议本身的权威性；二是集中反映了会议的主要精神和决定事项。会议纪要还可以作为向领导汇报、向群众传达的文字依据。

3. 纪实性。纪要要如实地反映会议内容，不能离开会议实际搞再创作，不能搞人为的拔高、深化和填平补齐。否则，就失去了其内容的客观真实性，违反纪实的要求。

5.7.2 写法

(1) 标题

标题有两种格式：一是单位名称＋会议名称＋纪要，如《吉林省工商行政管理局局长会议纪要》；二是把会议的主要内容在标题里揭示出来，类似文件标题式的。如《×××关于加强纪检工作座谈会纪要》，又如《×××关于落实省委领导同志批示保护省级文物七级浮屠塔问题的会议纪要》。

以前还有一种就是新闻式，比如《加强横向联合　发挥团队作用　打造精品名牌——华东七省一市旅游院校协作会议纪要》。

我认为，这种格式现在来讲是错误的。主要是以下原因：

《国家行政机关公文处理办法》（国发〔2000〕23号）第十条第六款：公文标题应当准确简要地概括公文的主要内容并标明公文种类，一般应当标明发文机关。

新文件《党政机关公文处理工作条例》（中办发〔2012〕14号）第九条第七款："标题。由发文机关名称、事由和文种组成"。

(2) 正文

纪要一般分两大部分。开头第一部分一般应写明会议概况以及对会议的总体评价等。第二部分是纪要的中心部分，反映会议的主要精神、讨论意见和议决事项等。根据会议性质、规模、议题等不同，大致可以有以下几种写法。

×××气象局局长办公会议纪要

时　　间：×年×月×日下午
地　　点：省气象局×楼×会议室
主　　持：×××
出　　席：×××　×××　×××
参加人员：×××　×××　×××　×××　××
记　录　人：×××
会议主要内容和议定事项
一、审议关于×××××××××××××××××××××的请示。会议决定……
二、审议×××××××××××××××××××××××。原

则同意……

　　三、……

加强横向联合　发挥团队作用　打造精品名牌
——华东七省一市旅游院校协作会议纪要

　　二〇〇四年四月十二日,山东、江苏、安徽、河南、江西、福建、浙江、上海华东七省一市旅游院校协作会议在山东济南举行。国家旅游局、教育部、山东省政府、山东省旅游局、山东省教育厅主要负责人参加了会议。十八个旅游院校的院(校)长、教育处长计四十余人参加了会议。山东省旅游研究会、山东省五个大型旅游公司负责人列席了会议。会议就旅游院校发展方向、办学的机遇与挑战进行了深入的研讨,并达成了如下共识:

　　一、关于旅游院校的培养目标(略)

　　二、关于专业设置(略)

　　三、关于师资的建设(略)

　　四、关于教材建设(略)

　　五、关于院校之间的交流与合作(略)

全国旅游市场研讨会纪要

　　××××年×月××—××日,国家旅游局在上海召开了全国旅游市场研讨会,部分省、市旅游局的负责人、旅行社和涉外饭店的总经理、学术界人士30多人参加了会议。会议就影响当前旅华市场进一步发展的问题作了深入研讨,提出了一些促进旅游市场开发的建议。国家旅游局局长×××出席了研讨会并发表了重要讲话。

　　会议就影响当前旅华市场进一步发展的问题作了深入研讨,提出了促进旅游市场开发的建议。会议在以下方面达成了共识:

　　一、当前影响旅华市场进一步发展的主要问题

　　1. 产品老化,结构单一(略)

　　2. 销售渠道狭窄、拥挤(略)

　　3. 促销投入少(略)

　　4. 政府促销与企业销售结合不紧(略)

　　5. 部分企业的促销积极性不高(略)

　　二、对促进旅华市场开发的建议

　　1. 加强市场调研(略)

　　2. 加强产品开发(略)

3. 加紧疏通销售渠道(略)
4. 加强对外促销工作(略)
5. 加强旅行社建设(略)

此外,与会者还提出了发挥旅游协会的作用、集中筹措经费、政府与企业合力促销、定期召开市场研讨会等建设性意见。

第6章 公文写作中常见的问题

6.1 公文标题

■公文标题由"发文机关名称＋事由＋文种"组成，不能缺项。有的公文制发时不标明发文机关名称，如只标注"关于×××的通知"，省略了发文机关；

■在标题中滥用顿号等标点符号。公文的标题中要尽量少用标点符号，可使用的标点符号有书名号、引号、括号。例如《河北省人民政府关于做好"7·21"洪涝重灾区恢复重建工作的指导意见》；

■重复使用介词结构"关于"。如《××市气象局关于印发关于×××规定的通知》等；

■重复使用公文文种。如《×××转发×××局转发×××部印发关于×××规定的通知》；

■文种使用不当。如《×××局关于×××的请示报告》《×××关于元旦文艺联欢会所需经费的报告》等。有的认为部分平行单位权力过大，不用"请示、报告"不礼貌，如给财政局报送《×××局关于申请×××经费的请示》，有的市气象局向省气象局处室报送"请示"，市气象局与省气象局各处室是平行关系，应用"函"。有的虽然用了"函"的文种，标题却是"请示"；

■在法定公文文种以外随意创造文种。如《××局关于×××的建议》《××局关于×××的说明》《××局关于×××的申请》等；

■有的随意省略文种。如《×××局关于×××的方案》，公文文种中没有方案这个文种，这应该是缺少文种的标题，所以，应该是《××方案的报告》或《××方案的请示》等。

6.2 主送机关

■有的市气象局向省气象局多个处室同时报送请示事项，造成上级机关对同一事项多头交叉批示，给公文办理带来不利影响。

■有的应是报送省气象局的请示事项，却直接报送有关处室。一方面，省气象局领导无法及时了解情况，另一方面，造成有关处室左右为难，无法越级批复。

6.3 正文表述

■上报的请示、报告类公文,要严格遵守一文一事的原则;"报告"中不能夹带请示事项,严格与"请示"的内容分开。

■下发的公文,要严格按照隶属关系行文,同级机关不能用指示性通知、批复等文种向对方行文。除上级机关授权外,不能向同级机关行文发人事任免、编制批复、项目审批、资金拨付等通知或批复类公文。除办公室外的内设处室不允许对外下达指令性公文。常规业务指导除外。

■部门会签未经协调一致不得行文。

■文中成文日期及有关数字,均应使用阿拉伯数字。

■数字、年份不能回行(见图 6.3.1)。

6.4 附件、附件说明及附注不规范

6.4.1 附件及附件说明

■公文中带有附件,却漏标附件说明;

■附件说明标注不规范。如有的附件顺序号用汉字标注,应当用阿拉伯数字标注;有的虽然用阿拉伯数字标注但后面用顿号分隔,有的附件名称后加句号,规范做法应是附件名称后面不加标点符号;有的附件转行后顶格排列,规范做法应当在附件下一行与上一行序号下方对齐排列(见图 6.4.1-1、6.4.1-2);

■附件说明与附件正文中的标题不符;

■附件过大,应压缩到 8 M 以下再报送。

6.4.2 附注

■上报公文必须标注联系人和联系电话,以便于上级机关在办理该公文时与熟悉该公文的人员联系沟通,协调事项(见图 6.4.2)。

6.5 其他

■上行文必须由主要负责人签发;不是主要负责人签发的,应由主持工作的负责人签发,并在表单中注明原因。

■请示一般 1000 字,报告 3000 字。

■正文一般一页 22 行,一行 28 字。

> 按照文件要求，经△××省×××市×××县×××乡地理位置：N30°30'30"E110
°10'10"

图 6.3.1　数字不能回行

> 附件：1.××××××市××××××××××××可
行性研究报告
　　2.×××市气象局会议纪要
　　3.××××××市××××××关于××××××
××说明

图 6.4.1-1　附件说明标注不规范

> 附件1：××××××××××××××××可行性研究报告
> 附件2：×××市气象局会议纪要

图 6.4.1-2　附件说明标注不规范

> 　　　　　　　　　　　　　　　　××省气象局
> 　　　　　　　　　　　　　　　20××年×月×日
> （联系人：×××　　电话：×××××× ××××××××）

图 6.4.2　上报公文须标注联系人和联系电话

■发文机关名称应与落款名称一致。如公文标题是《中共××镇委员会关于先进性教育活动转入第三阶段的请示》,正文后的落款是"××镇先进性教育活动办公室",落款应与发文机关名称保持一致。

■附件说明应在发文机关之前,而不能放在成文日期后。

第7章　公文办理程序

公文办理程序就是指公文在机关内部从形成到运转处理所必须经过的一系列环节。公文办理程序包括收文办理和发文办理两个部分。

7.1　收文办理

收文办理是指文书部门收到文件材料后,在机关内部及时运转直到阅办完毕的全过程。组成这一过程的一系列相互衔接的环节称为收文办理程序。主要有:签收、拆封与登记、分发与传阅;拟办、批办与承办;催办、查办与注办。

7.1.1　签收、拆封与登记、分发与传阅

公文的签收是指收到文件材料后,收件人在对方的公文投递单或送文簿上签字,以明确交接双方的责任,保证公文运转的安全可靠。它是收文办理的第一个环节。

签收后,文件的拆封是文书人员的职责。公文的登记就是将需要登记的文件在收文登记簿上编号和记载文件的来源、去向,以保证文件的收受和处理。登记的原则是方便文件的运转和管理。收文登记的形式一般可分为簿册式、联单式和卡片式三种。

公文的分发亦称分办,是指文书人员在文件拆封登记以后,按照文件的内容、性质和办理要求,及时准确地将收来的文件分送给有关领导、有关部门和承办人员阅办。公文的传阅是指单份或份数很少的文件以及一些非承办性文件,需要经机关各位领导和许多部门阅知时,由文书人员组织在他们中间传递和阅读。

7.1.2　拟办、批办与承办

公文的拟办是指对来文的处理提出初步意见,供领导人批办时参考。公文的批办是指机关领导人对送批的文件如何处理所作的批示。公文的承办,这一环节,既是收文办理的最后一道程序,又是发文程序的开始,它直接关系到发文的质量和机关工作的效率。

7.1.3　催办、查办与注办

公文的催办是指那些必须办理答复的文件,根据承办时限的要求,及时地对文

件承办的情况进行督促和检查。催办工作一般有对内催办和对外催办两种情况。查办是指文书工作人虽协助机关领导检查各项方针、政策、决议、指示的执行和落实，以及对某些问题进行查处、解决的一项承办性工作。公文的注办是对公文承办的情况和结果，由经办人在公文处理单上所作的简要说明。

7.2 发文办理

发文办理是指文件从拟稿到印制发出的整个运行过程。发文办理程序由拟稿、审核与签发；核发、缮印与校对；用印、登记与分发等环节组成。

7.2.1 拟稿、审核与签发

公文拟稿是发文办理的第一个环节，同时也是整个公文处理工作的关键性环节之一。公文的审核是指公文的草稿在送交机关领导人审批签发以前，对公文的内容、体式进行的全面审核和检查，它也是公文处理工作的关键性环节之一。公文的签发是指机关领导人对文稿最后审批，它是公文形成的关键性环节。

7.2.2 核发、缮印与校对

公文的核发是指在公文正式印发之前，对经领导人签发的文稿进行复核并确定发文字号、分送单位和印制份数的一项工作。公文的缮印是对已签发的公文定稿进行印制。公文的校对是对文件质量的最后一次检查。

7.2.3 用印、登记与分发

公文的用印是指在印好的文件上加盖机关印章。发文的登记，其作用与收文登记一样。

第8章 公文立卷工作

公文立卷是指机关文书部门将已经办理完毕的、具有一定查考利用价值的文件材料,按照它们在形成过程中的联系和一定的规律组成案卷。它是文书部门整理与保存文件的一种重要方法,也是机关公文处理工作的重要内容。

8.1 案卷

案卷是指有关某一问题或某项工作活动的系统的、具有密切联系的文件材料的组合体,它是文书档案的基本保管单位,与公文立卷有着密切的联系。

8.2 公文立卷工作的组织

公文立卷工作的组织主要有建立和健全文书部门的立卷制度,正确选择立卷的地点和确定公文立卷范围等方面。其中,建立和健全文书部门立卷制度是组织好立卷工作首先要解决好的一个问题。明确公文立卷的范围,是保证在公文立卷工作中将那些具有一定查考利用价值的文件材料,齐全完整地保存下来,便于以后查找利用的需要。

8.3 公文立卷原则

公文立卷的原则是保持文件之间的历史联系,区分保存价值,便于保管和利用。根据这一原则对公文立卷工作提出了"保持文件间的历史联系""区分保存价值""便于保管和利用"三个方面的要求。

公文立卷的基本方法可以概括为:遵循公文立卷的原则与要求,科学地选用公文中的某些特征作为立卷标准,把文件组合成案卷。这一方法的核心是科学地选用文件特征作为立卷标准的问题,根据文件本身的特征组合案卷是公文立卷的主要方法。问题、时间、文种、作者、地区和通信者可作为公文立卷的基本特征。

8.4 公文立卷的准备

公文立卷的准备工作包括事先编制好立卷类目、坚持做好平时立卷工作两方面的内容。立卷类目也称归卷类目、案卷类目。它大体上可分为综合的立卷类目、分编的立卷类目两种。在编制或者修订立卷类目时,必须坚持由公文处理部门为主的原则。立卷类目的结构主要由类名和条款两部分组成。在编制好立卷类目的同时还必须做好平时立卷工作。所谓平时立卷工作是指机关的公文立卷人员根据已经编好的立卷类目,将已经处理完毕的文件,随时按类目上的有关条款归入卷内。

第9章　案卷整理与归档

案卷的整理与归档,或称正式立卷与移交归档,包括编目成卷和移交归档等项内容。

9.1　编目成卷

案卷的组合,简称组卷,是指机关文书部门在年终或第二年上半年对归卷的各个条款内的文件材料进行调整立卷、卷内文件排列和编号以及拟写案卷标题等一系列工作。它是文书案卷整理的一项重要内容,也是整个公文立卷工作中的一个很重要的环节。

9.1.1　调整定卷

调整定卷是指在平时立卷的基础上,详细检查每一条款中所积累的文件材料,进行适当的调整,并且最后确定组合案卷的一项工作。年终进行调整定卷是机关文书部门或业务部门一项非常重要的工作。

9.1.2　卷内文件排列和编号

卷内文件排列是指将每个案卷内的文件用一定的规律和顺序进行系统化排列,保持文件之间的有机联系和条理性,使每一份文件在案卷内都有一个固定的位置。卷内文件在系统排列以后,应当用阿拉伯数字给卷内文件编页号,以固定它们的排列顺序,这样就便于统计和保护文件。

9.1.3　拟写案卷标题

案卷标题,也称案卷题名,是对卷内全部文件内容的总概括。它是案卷封面上最重要的项目,也是以后编制档案工作的主要依据,拟写案卷标题是文书工作人员、档案管理人员的一项基本功。

9.1.4　编目成卷

编目成卷工作,是指在组合案卷的基础上,对卷内文件进行编目、装订,以及案卷的排列、编号等一系列工作。这些工作的完成标志着整个公文立卷工作的基本完成。

9.1.5　案卷编目

案卷的编目,是指在卷内文件排列编号的基础上,填写卷内文件目录,备考表和案卷封皮等工作。它是进行手工检索的基本条件,也是实现档案计算机检索与储存的基础性工作。

9.1.6　案卷装订

案卷的装订,是为了固定文件之间的排列顺序,保护文件不受损坏和散失,便于保管和利用。案卷装订的要求是:整齐、牢固,不影响阅读。

9.1.7　案卷排列与编号

案卷排列与编号是指案卷经过编目装订以后,将一个年度、一个组织机构的案卷进行系统化排列、编号,以固定其顺序,使卷与卷之间保持一定的联系,系统地反映机关的工作活动。

9.2　案卷移交归档

9.2.1　案卷移交

案卷组合和编目成卷工作完成以后,公文处理部门应根据归档的要求填写案卷目录、编制各种检索工具,并按照归档制度将案卷目录、检索工具同所有案卷一起向机关档案室移交。至此,标志着整个公文立卷工作的完结,文书材料从现行处理阶段转入档案管理阶段。案卷目录是案卷的名册,是查找利用档案的一种最基本的工具。案卷目录又可作为移交目录,是公文处理部门逐年向机关档案室交接案卷的依据和凭证。案卷目录的项目有:案卷号、案卷题名、页数、保管期限、备注等。文件检索工具,是指用来查找、利用文件材料的目录、卡片等。文件检索工具的编制是公文处理部门在文件材料立卷后进行的一项重要工作,主要有文号索引、文件分类目录等。

9.2.2　案卷归档

公文立卷部门立好案卷,必须逐年移交给机关档案室集中保管,称为"归档"。文书案卷的归档,既能保证本机关的档案完整,便于查找利用,又可为国家积累档案财富。

附录A 《党政机关公文处理工作条例》

(中办发〔2012〕14号)

第一章 总　　则

第一条　为了适应中国共产党机关和国家行政机关(以下简称党政机关)工作需要,推进党政机关公文处理工作科学化、制度化、规范化,制定本条例。

第二条　本条例适用于各级党政机关公文处理工作。

第三条　党政机关公文是党政机关实施领导、履行职能、处理公务的具有特定效力和规范体式的文书,是传达贯彻党和国家的方针政策,公布法规和规章,指导、布置和商洽工作,请示和答复问题,报告、通报和交流情况等的重要工具。

第四条　公文处理工作是指公文拟制、办理、管理等一系列相互关联、衔接有序的工作。

第五条　公文处理工作应当坚持实事求是、准确规范、精简高效、安全保密的原则。

第六条　各级党政机关应当高度重视公文处理工作,加强组织领导,强化队伍建设,设立文秘部门或者由专人负责公文处理工作。

第七条　各级党政机关办公厅(室)主管本机关的公文处理工作,并对下级机关的公文处理工作进行业务指导和督促检查。

第二章　公文种类

第八条　公文种类主要有:

(一)决议。适用于会议讨论通过的重大决策事项。

(二)决定。适用于对重要事项做出决策和部署、奖惩有关单位和人员、变更或者撤销下级机关不适当的决定事项。

(三)命令(令)。适用于公布行政法规和规章、宣布施行重大强制性措施、批准授予和晋升衔级、嘉奖有关单位和人员。

(四)公报。适用于公布重要决定或者重大事项。

(五)公告。适用于向国内外宣布重要事项或者法定事项。

(六)通告。适用于在一定范围内公布应当遵守或者周知的事项。

(七)意见。适用于对重要问题提出见解和处理办法。

（八）通知。适用于发布、传达要求下级机关执行和有关单位周知或者执行的事项，批转、转发公文。

（九）通报。适用于表彰先进、批评错误、传达重要精神和告知重要情况。

（十）报告。适用于向上级机关汇报工作、反映情况，回复上级机关的询问。

（十一）请示。适用于向上级机关请求指示、批准。

（十二）批复。适用于答复下级机关请示事项。

（十三）议案。适用于各级人民政府按照法律程序向同级人民代表大会或者人民代表大会常务委员会提请审议事项。

（十四）函。适用于不相隶属机关之间商洽工作、询问和答复问题、请求批准和答复审批事项。

（十五）纪要。适用于记载会议主要情况和议定事项。

第三章　公文格式

第九条　公文一般由份号、密级和保密期限、紧急程度、发文机关标志、发文字号、签发人、标题、主送机关、正文、附件说明、发文机关署名、成文日期、印章、附注、附件、抄送机关、印发机关和印发日期、页码等组成。

（一）份号。公文印制份数的顺序号。涉密公文应当标注份号。

（二）密级和保密期限。公文的秘密等级和保密的期限。涉密公文应当根据涉密程度分别标注"绝密""机密""秘密"和保密期限。

（三）紧急程度。公文送达和办理的时限要求。根据紧急程度，紧急公文应当分别标注"特急""加急"，电报应当分别标注"特提""特急""加急""平急"。

（四）发文机关标志。由发文机关全称或者规范化简称加"文件"二字组成，也可以使用发文机关全称或者规范化简称。联合行文时，发文机关标志可以并用联合发文机关名称，也可以单独用主办机关名称。

（五）发文字号。由发文机关代字、年份、发文顺序号组成。联合行文时，使用主办机关的发文字号。

（六）签发人。上行文应当标注签发人姓名。

（七）标题。由发文机关名称、事由和文种组成。

（八）主送机关。公文的主要受理机关，应当使用机关全称、规范化简称或者同类型机关统称。

（九）正文。公文的主体，用来表述公文的内容。

（十）附件说明。公文附件的顺序号和名称。

（十一）发文机关署名。署发文机关全称或者规范化简称。

（十二）成文日期。署会议通过或者发文机关负责人签发的日期。联合行文时，署最后签发机关负责人签发的日期。

（十三）印章。公文中有发文机关署名的，应当加盖发文机关印章，并与署名机关相符。有特定发文机关标志的普发性公文和电报可以不加盖印章。

（十四）附注。公文印发传达范围等需要说明的事项。

（十五）附件。公文正文的说明、补充或者参考资料。

（十六）抄送机关。除主送机关外需要执行或者知晓公文内容的其他机关，应当使用机关全称、规范化简称或者同类型机关统称。

（十七）印发机关和印发日期。公文的送印机关和送印日期。

（十八）页码。公文页数顺序号。

第十条 公文的版式按照《党政机关公文格式》国家标准执行。

第十一条 公文使用的汉字、数字、外文字符、计量单位和标点符号等，按照有关国家标准和规定执行。民族自治地方的公文，可以并用汉字和当地通用的少数民族文字。

第十二条 公文用纸幅面采用国际标准 A4 型。特殊形式的公文用纸幅面，根据实际需要确定。

第四章 行文规则

第十三条 行文应当确有必要，讲求实效，注重针对性和可操作性。

第十四条 行文关系根据隶属关系和职权范围确定。一般不得越级行文，特殊情况需要越级行文的，应当同时抄送被越过的机关。

第十五条 向上级机关行文，应当遵循以下规则：

（一）原则上主送一个上级机关，根据需要同时抄送相关上级机关和同级机关，不抄送下级机关。

（二）党委、政府的部门向上级主管部门请示、报告重大事项，应当经本级党委、政府同意或者授权；属于部门职权范围内的事项应当直接报送上级主管部门。

（三）下级机关的请示事项，如需以本机关名义向上级机关请示，应当提出倾向性意见后上报，不得原文转报上级机关。

（四）请示应当一文一事。不得在报告等非请示性公文中夹带请示事项。

（五）除上级机关负责人直接交办事项外，不得以本机关名义向上级机关负责人报送公文，不得以本机关负责人名义向上级机关报送公文。

（六）受双重领导的机关向一个上级机关行文，必要时抄送另一个上级机关。

第十六条 向下级机关行文，应当遵循以下规则：

（一）主送受理机关，根据需要抄送相关机关。重要行文应当同时抄送发文机关的直接上级机关。

（二）党委、政府的办公厅（室）根据本级党委、政府授权，可以向下级党委、政府行文，其他部门和单位不得向下级党委、政府发布指令性公文或者在公文中向下级党委、政府提出指令性要求。需经政府审批的具体事项，经政府同意后可以由政府职能部门行文，文中须注明已经政府同意。

（三）党委、政府的部门在各自职权范围内可以向下级党委、政府的相关部门行文。

（四）涉及多个部门职权范围内的事务，部门之间未协商一致的，不得向下行文；擅自行文的，上级机关应当责令其纠正或者撤销。

（五）上级机关向受双重领导的下级机关行文，必要时抄送该下级机关的另一个上级机关。

第十七条　同级党政机关、党政机关与其他同级机关必要时可以联合行文。属于党委、政府各自职权范围内的工作，不得联合行文。

党委、政府的部门依据职权可以相互行文。

部门内设机构除办公厅（室）外不得对外正式行文。

第五章　公文拟制

第十八条　公文拟制包括公文的起草、审核、签发等程序。

第十九条　公文起草应当做到：

（一）符合党的理论路线方针政策和国家法律法规，完整准确体现发文机关意图，并同现行有关公文相衔接。

（二）一切从实际出发，分析问题实事求是，所提政策措施和办法切实可行。

（三）内容简洁，主题突出，观点鲜明，结构严谨，表述准确，文字精练。

（四）文种正确，格式规范。

（五）深入调查研究，充分进行论证，广泛听取意见。

（六）公文涉及其他地区或者部门职权范围内的事项，起草单位必须征求相关地区或者部门意见，力求达成一致。

（七）机关负责人应当主持、指导重要公文起草工作。

第二十条　公文文稿签发前，应当由发文机关办公厅（室）进行审核。审核的重点是：

（一）行文理由是否充分，行文依据是否准确。

（二）内容是否符合党的理论路线方针政策和国家法律法规；是否完整准确体现发文机关意图；是否同现行有关公文相衔接；所提政策措施和办法是否切实可行。

（三）涉及有关地区或者部门职权范围内的事项是否经过充分协商并达成一致意见。

（四）文种是否正确，格式是否规范；人名、地名、时间、数字、段落顺序、引文等是否准确；文字、数字、计量单位和标点符号等用法是否规范。

（五）其他内容是否符合公文起草的有关要求。

需要发文机关审议的重要公文文稿，审议前由发文机关办公厅（室）进行初核。

第二十一条　经审核不宜发文的公文文稿，应当退回起草单位并说明理由；符合发文条件但内容需作进一步研究和修改的，由起草单位修改后重新报送。

第二十二条 公文应当经本机关负责人审批签发。重要公文和上行文由机关主要负责人签发。党委、政府的办公厅(室)根据党委、政府授权制发的公文,由授权机关主要负责人签发或者按照有关规定签发。签发人签发公文,应当签署意见、姓名和完整日期;圈阅或者签名的,视为同意。联合发文由所有联署机关的负责人会签。

第六章 公文办理

第二十三条 公文办理包括收文办理、发文办理和整理归档。

第二十四条 收文办理主要程序是:

(一)签收。对收到的公文应当逐件清点,核对无误后签字或者盖章,并注明签收时间。

(二)登记。对公文的主要信息和办理情况应当详细记载。

(三)初审。对收到的公文应当进行初审。初审的重点是:是否应当由本机关办理,是否符合行文规则,文种、格式是否符合要求,涉及其他地区或者部门职权范围内的事项是否已经协商、会签,是否符合公文起草的其他要求。经初审不符合规定的公文,应当及时退回来文单位并说明理由。

(四)承办。阅知性公文应当根据公文内容、要求和工作需要确定范围后分送。批办性公文应当提出拟办意见报本机关负责人批示或者转有关部门办理;需要两个以上部门办理的,应当明确主办部门。紧急公文应当明确办理时限。承办部门对交办的公文应当及时办理,有明确办理时限要求的应当在规定时限内办理完毕。

(五)传阅。根据领导批示和工作需要将公文及时送传阅对象阅知或者批示。办理公文传阅应当随时掌握公文去向,不得漏传、误传、延误。

(六)催办。及时了解掌握公文的办理进展情况,督促承办部门按期办结。紧急公文或者重要公文应当由专人负责催办。

(七)答复。公文的办理结果应当及时答复来文单位,并根据需要告知相关单位。

第二十五条 发文办理主要程序是:

(一)复核。已经发文机关负责人签批的公文,印发前应当对公文的审批手续、内容、文种、格式等进行复核;需作实质性修改的,应当报原签批人复审。

(二)登记。对复核后的公文,应当确定发文字号、分送范围和印制份数并详细记载。

(三)印制。公文印制必须确保质量和时效。涉密公文应当在符合保密要求的场所印制。

(四)核发。公文印制完毕,应当对公文的文字、格式和印刷质量进行检查后分发。

第二十六条 涉密公文应当通过机要交通、邮政机要通信、城市机要文件交换站或者收发件机关机要收发人员进行传递,通过密码电报或者符合国家保密规定的计算机信息系统进行传输。

第二十七条 需要归档的公文及有关材料,应当根据有关档案法律法规以及机关档案管理规定,及时收集齐全、整理归档。两个以上机关联合办理的公文,原件由主办机关归档,相关机关保存复制件。机关负责人兼任其他机关职务的,在履行所兼职务过程中形成的公文,由其兼职机关归档。

第七章　公文管理

第二十八条　各级党政机关应当建立健全本机关公文管理制度,确保管理严格规范,充分发挥公文效用。

第二十九条　党政机关公文由文秘部门或者专人统一管理。设立党委(党组)的县级以上单位应当建立机要保密室和机要阅文室,并按照有关保密规定配备工作人员和必要的安全保密设施设备。

第三十条　公文确定密级前,应当按照拟定的密级先行采取保密措施。确定密级后,应当按照所定密级严格管理。绝密级公文应当由专人管理。

公文的密级需要变更或者解除的,由原确定密级的机关或者其上级机关决定。

第三十一条　公文的印发传达范围应当按照发文机关的要求执行;需要变更的,应当经发文机关批准。

涉密公文公开发布前应当履行解密程序。公开发布的时间、形式和渠道,由发文机关确定。

经批准公开发布的公文,同发文机关正式印发的公文具有同等效力。

第三十二条　复制、汇编机密级、秘密级公文,应当符合有关规定并经本机关负责人批准。绝密级公文一般不得复制、汇编,确有工作需要的,应当经发文机关或者其上级机关批准。复制、汇编的公文视同原件管理。

复制件应当加盖复制机关戳记。翻印件应当注明翻印的机关名称、日期。汇编本的密级按照编入公文的最高密级标注。

第三十三条　公文的撤销和废止,由发文机关、上级机关或者权力机关根据职权范围和有关法律法规决定。公文被撤销的,视为自始无效;公文被废止的,视为自废止之日起失效。

第三十四条　涉密公文应当按照发文机关的要求和有关规定进行清退或者销毁。

第三十五条　不具备归档和保存价值的公文,经批准后可以销毁。销毁涉密公文必须严格按照有关规定履行审批登记手续,确保不丢失、不漏销。个人不得私自销毁、留存涉密公文。

第三十六条　机关合并时,全部公文应当随之合并管理;机关撤销时,需要归档的公文经整理后按照有关规定移交档案管理部门。

工作人员离岗离职时,所在机关应当督促其将暂存、借用的公文按照有关规定移交、清退。

第三十七条　新设立的机关应当向本级党委、政府的办公厅(室)提出发文立户申请。经审查符合条件的,列为发文单位,机关合并或者撤销时,相应进行调整。

第八章 附 则

第三十八条 党政机关公文含电子公文。电子公文处理工作的具体办法另行制定。

第三十九条 法规、规章方面的公文,依照有关规定处理。外事方面的公文,依照外事主管部门的有关规定处理。

第四十条 其他机关和单位的公文处理工作,可以参照本条例执行。

第四十一条 本条例由中共中央办公厅、国务院办公厅负责解释。

第四十二条 本条例自2012年7月1日起施行。1996年5月3日中共中央办公厅发布的《中国共产党机关公文处理条例》和2000年8月24日国务院发布的《国家行政机关公文处理办法》停止执行。

附录 B 《党政机关公文格式》
(GB/T 9704—2012)

ICS 35.240.20
A 13

中华人民共和国国家标准

GB/T 9704—2012
代替 GB/T 9704—1999

党政机关公文格式

Layout key for official document of Party and government organs

2012-06-29 发布　　　　　　　　2012-07-01 实施

中华人民共和国国家质量监督检验检疫总局
中国国家标准化管理委员会　发布

附录B 《党政机关公文格式》(GB/T 9704—2012)

目　次

前言
1　范围
2　规范性引用文件
3　术语和定义
4　公文用纸主要技术指标
5　公文用纸幅面尺寸及版面要求
　5.1　幅面尺寸
　5.2　版面
　　5.2.1　页边与版心尺寸
　　5.2.2　字体和字号
　　5.2.3　行数和字数
　　5.2.4　文字的颜色
6　印制装订要求
　6.1　制版要求
　6.2　印刷要求
　6.3　装订要求
7　公文格式各要素编排规则
　7.1　公文格式各要素的划分
　7.2　版头
　　7.2.1　份号
　　7.2.2　密级和保密期限
　　7.2.3　紧急程度
　　7.2.4　发文机关标志
　　7.2.5　发文字号
　　7.2.6　签发人
　　7.2.7　版头中的分隔线
　7.3　主体
　　7.3.1　标题
　　7.3.2　主送机关
　　7.3.3　正文
　　7.3.4　附件说明
　　7.3.5　发文机关署名、成文日期和印章

        7.3.5.1 加盖印章的公文
        7.3.5.2 不加盖印章的公文
        7.3.5.3 加盖签发人签名章的公文
        7.3.5.4 成文日期中的数字
        7.3.5.5 特殊情况说明
    7.3.6 附注
    7.3.7 附件
  7.4 版记
    7.4.1 版记中的分隔线
    7.4.2 抄送机关
    7.4.3 印发机关和印发日期
  7.5 页码
8 公文中的横排表格
9 公文中计量单位、标点符号和数字的用法
10 公文的特定格式
  10.1 信函格式
  10.2 命令(令)格式
  10.3 纪要格式
11 式样

附录 B 《党政机关公文格式》(GB/T 9704—2012)

前　言

本标准按照 GB/T 1.1—2009 给出的规则起草。

本标准根据中共中央办公厅、国务院办公厅印发的《党政机关公文处理工作条例》的有关规定对 GB/T 9704—1999《国家行政机关公文格式》进行修订。本标准相对 GB/T 9704—1999 主要作如下修订：

a) 标准名称改为《党政机关公文格式》，标准英文名称也作相应修改；

b) 适用范围扩展到各级党政机关制发的公文；

c) 对标准结构进行适当调整；

d) 对公文装订要求进行适当调整；

e) 增加发文机关署名和页码两个公文格式要素，删除主题词格式要素，并对公文格式各要素的编排进行较大调整；

f) 进一步细化特定格式公文的编排要求；

g) 新增联合行文公文首页版式、信函格式首页、命令(令)格式首页版式等式样。

本标准中公文用语与《党政机关公文处理工作条例》中的用语一致。

本标准为第二次修订。

本标准由中共中央办公厅和国务院办公厅提出。

本标准由中国标准化研究院归口。

本标准起草单位：中国标准化研究院、中共中央办公厅秘书局、国务院办公厅秘书局、中国标准出版社。

本标准主要起草人：房庆、杨雯、郭道锋、孙维、马慧、张书杰、徐成华、范一乔、李玲。

本标准代替了 GB/T 9704—1999。

GB/T 9704—1999 的历次版本发布情况为：

——GB/T 9704—1988。

党政机关公文格式

1 范围

本标准规定了党政机关公文通用的纸张要求、排版和印制装订要求、公文格式各要素的编排规则,并给出了公文的式样。

本标准适用于各级党政机关制发的公文。其他机关和单位的公文可以参照执行。

使用少数民族文字印制的公文,其用纸、幅面尺寸及版面、印制等要求按照本标准执行,其余可以参照本标准并按照有关规定执行。

2 规范性引用文件

下列文件对于本标准的应用是必不可少的。凡是注日期的引用文件,仅所注日期的版本适用于本标准。凡是不注日期的引用文件,其最新版本(包括所有的修改单)适用于本标准。

GB/T 148 印刷、书写和绘图纸幅面尺寸

GB 3100 国际单位制及其应用

GB 3101 有关量、单位和符号的一般原则

GB 3102(所有部分)量和单位

GB/T 15834 标点符号用法

GB/T 15835 出版物上数字用法

3 术语和定义

下列术语和定义适用于本标准。

3.1 字 word

标示公文中横向距离的长度单位。在本标准中,一字指一个汉字宽度的距离。

3.2 行 line

标示公文中纵向距离的长度单位。在本标准中,一行指一个汉字的高度加3号汉字高度的7/8的距离。

4 公文用纸主要技术指标

公文用纸一般使用纸张定量为 60~80 g/m² 的胶版印刷纸或复印纸。纸张白度 80%~90%,横向耐折度≥15次,不透明度≥85%,pH值为7.5~9.5。

5 公文用纸幅面尺寸及版面要求

5.1 幅面尺寸

公文用纸采用 GB/T 148 中规定的 A4 型纸，其成品幅面尺寸为：210 mm×297 mm。

5.2 版面

5.2.1 页边与版心尺寸

公文用纸天头（上白边）为 37 mm±1 mm，公文用纸订口（左白边）为 28 mm±1 mm，版心尺寸为 156 mm×225 mm。

5.2.2 字体和字号

如无特殊说明，公文格式各要素一般用 3 号仿宋体字。特定情况可以作适当调整。

5.2.3 行数和字数

一般每面排 22 行，每行排 28 个字，并撑满版心。特定情况可以作适当调整。

5.2.4 文字的颜色

如无特殊说明，公文中文字的颜色均为黑色。

6 印制装订要求

6.1 制版要求

版面干净无底灰，字迹清楚无断划，尺寸标准，版心不斜，误差不超过 1 mm。

6.2 印刷要求

双面印刷；页码套正，两面误差不超过 2 mm。黑色油墨应当达到色谱所标 BL100%，红色油墨应当达到色谱所标 Y80%、M80%。印品着墨实、均匀；字面不花、不白、无断划。

6.3 装订要求

公文应当左侧装订，不掉页，两页页码之间误差不超过 4 mm，裁切后的成品尺寸允许误差±2 mm，四角成 90°，无毛茬或缺损。

骑马订或平订的公文应当：

a) 订位为两钉外订眼距版面上下边缘各 70 mm 处，允许误差±4 mm；

b) 无坏钉、漏钉、重钉，钉脚平伏牢固；

c) 骑马订钉锯均订在折缝线上，平订钉锯与书脊间的距离为 3～5 mm。

包本装订公文的封皮（封面、书脊、封底）与书芯应吻合、包紧、包平、不脱落。

7 公文格式各要素编排规则

7.1 公文格式各要素的划分

本标准将版心内的公文格式各要素划分为版头、主体、版记三部分。公文首页红色分隔线以上的部分称为版头；公文首页红色分隔线（不含）以下、公文末页首条分隔线（不含）以上的部分称为主体；公文末页首条分隔线以下、末条分隔线以上的部分称为版记。

页码位于版心外。

7.2 版头

7.2.1 份号

如需标注份号，一般用 6 位 3 号阿拉伯数字，顶格编排在版心左上角第一行。

7.2.2 密级和保密期限

如需标注密级和保密期限，一般用 3 号黑体字，顶格编排在版心左上角第二行；保密期限中的数字用阿拉伯数字标注。

7.2.3 紧急程度

如需标注紧急程度，一般用 3 号黑体字，顶格编排在版心左上角；如需同时标注份号、密级和保密期限、紧急程度，按照份号、密级和保密期限、紧急程度的顺序自上而下分行排列。

7.2.4 发文机关标志

由发文机关全称或者规范化简称加"文件"二字组成，也可以使用发文机关全称或者规范化简称。

发文机关标志居中排布，上边缘至版心上边缘为 35 mm，推荐使用小标宋体字，颜色为红色，以醒目、美观、庄重为原则。

联合行文时，如需同时标注联署发文机关名称，一般应当将主办机关名称排列在前；如有"文件"二字，应当置于发文机关名称右侧，以联署发文机关名称为准上下居中排布。

7.2.5 发文字号

编排在发文机关标志下空二行位置，居中排布。年份、发文顺序号用阿拉伯数字标注；年份应标全称，用六角括号"〔〕"括入；发文顺序号不加"第"字，不编虚位（即 1 不编为 01），在阿拉伯数字后加"号"字。

上行文的发文字号居左空一字编排，与最后一个签发人姓名处在同一行。

7.2.6 签发人

由"签发人"三字加全角冒号和签发人姓名组成，居右空一字，编排在发文机关标志下空二行位置。"签发人"三字用 3 号仿宋体字，签发人姓名用 3 号楷体字。

如有多个签发人，签发人姓名按照发文机关的排列顺序从左到右、自上而下依次均匀编排，一般每行排两个姓名，回行时与上一行第一个签发人姓名对齐。

7.2.7 版头中的分隔线

发文字号之下 4 mm 处居中印一条与版心等宽的红色分隔线。

7.3 主体

7.3.1 标题

一般用 2 号小标宋体字，编排于红色分隔线下空二行位置，分一行或多行居中排布；回行时，要做到词意完整，排列对称，长短适宜，间距恰当，标题排列应当使用梯形或菱形。

7.3.2 主送机关

编排于标题下空一行位置，居左顶格，回行时仍顶格，最后一个机关名称后标全角冒号。如主送机关名称过多导致公文首页不能显示正文时，应当将主送机关名称移至版记，标注方法见 7.4.2。

7.3.3 正文

公文首页必须显示正文。一般用 3 号仿宋体字，编排于主送机关名称下一行，每个自然段左空二字，回行顶格。文中结构层次序数依次可以用"一、""（一）""1.""(1)"标注；一般第一层用黑体字、第二层用楷体字、第三层和第四层用仿宋体字标注。

7.3.4 附件说明

如有附件，在正文下空一行左空二字编排"附件"二字，后标全角冒号和附件名称。如有多个附件，使用阿拉伯数字标注附件顺序号（如"附件：1.××××××"）；附件名称后不加标点符号。附件名称较长需回行时，应当与上一行附件名称的首字对齐。

7.3.5 发文机关署名、成文日期和印章

7.3.5.1 加盖印章的公文

成文日期一般右空四字编排，印章用红色，不得出现空白印章。

单一机关行文时，一般在成文日期之上、以成文日期为准居中编排发文机关署名，印章端正、居中下压发文机关署名和成文日期，使发文机关署名和成文日期居印章中心偏下位置，印章顶端应当上距正文（或附件说明）一行之内。

联合行文时，一般将各发文机关署名按照发文机关顺序整齐排列在相应位置，并将印章一一对应、端正、居中下压发文机关署名，最后一个印章端正、居中下压发文机关署名和成文日期，印章之间排列整齐、互不相交或相切，每排印章两端不得超出版心，首排印章顶端应当上距正文（或附件说明）一行之内。

7.3.5.2 不加盖印章的公文

单一机关行文时，在正文（或附件说明）下空一行右空二字编排发文机关署名，

在发文机关署名下一行编排成文日期,首字比发文机关署名首字右移二字,如成文日期长于发文机关署名,应当使成文日期右空二字编排,并相应增加发文机关署名右空字数。

联合行文时,应当先编排主办机关署名,其余发文机关署名依次向下编排。

7.3.5.3　加盖签发人签名章的公文

单一机关制发的公文加盖签发人签名章时,在正文(或附件说明)下空二行右空四字加盖签发人签名章,签名章左空二字标注签发人职务,以签名章为准上下居中排布。在签发人签名章下空一行右空四字编排成文日期。

联合行文时,应当先编排主办机关签发人职务、签名章,其余机关签发人职务、签名章依次向下编排,与主办机关签发人职务、签名章上下对齐;每行只编排一个机关的签发人职务、签名章;签发人职务应当标注全称。

签名章一般用红色。

7.3.5.4　成文日期中的数字

用阿拉伯数字将年、月、日标全,年份应标全称,月、日不编虚位(即 1 不编为 01)。

7.3.5.5　特殊情况说明

当公文排版后所剩空白处不能容下印章或签发人签名章、成文日期时,可以采取调整行距、字距的措施解决。

7.3.6　附注

如有附注,居左空两字加圆括号编排在成文日期下一行。

7.3.7　附件

附件应当另面编排,并在版记之前,与公文正文一起装订。"附件"二字及附件顺序号用 3 号黑体字顶格编排在版心左上角第一行。附件标题居中编排在版心第三行。附件顺序号和附件标题应当与附件说明的表述一致。附件格式要求同正文。

如附件与正文不能一起装订,应当在附件左上角第一行顶格编排公文的发文字号并在其后标注"附件"二字及附件顺序号。

7.4　版记

7.4.1　版记中的分隔线

版记中的分隔线与版心等宽,首条分隔线和末条分隔线用粗线(推荐高度为 0.35 mm),中间的分隔线用细线(推荐高度为 0.25 mm)。首条分隔线位于版记中第一个要素之上,末条分隔线与公文最后一面的版心下边缘重合。

7.4.2　抄送机关

如有抄送机关,一般用 4 号仿宋体字,在印发机关和印发日期之上一行、左右各空一字编排。"抄送"二字后加全角冒号和抄送机关名称,回行时与冒号后的首字对齐,最后一个抄送机关名称后标句号。

附录 B 《党政机关公文格式》(GB/T 9704—2012)

如需把主送机关移至版记，除将"抄送"二字改为"主送"外，编排方法同抄送机关。既有主送机关又有抄送机关时，应当将主送机关置于抄送机关之上一行，之间不加分隔线。

7.4.3 印发机关和印发日期

印发机关和印发日期一般用 4 号仿宋体字，编排在末条分隔线之上，印发机关左空一字，印发日期右空一字，用阿拉伯数字将年、月、日标全，年份应标全称，月、日不编虚位(即 1 不编为 01)，后加"印发"二字。

版记中如有其他要素，应当将其与印发机关和印发日期用一条细分隔线隔开。

7.5 页码

一般用 4 号半角宋体阿拉伯数字，编排在公文版心下边缘之下，数字左右各放一条一字线；一字线上距版心下边缘 7 mm。单页码居右空一字，双页码居左空一字。公文的版记页前有空白页的，空白页和版记页均不编排页码。公文的附件与正文一起装订时，页码应当连续编排。

8 公文中的横排表格

A4 纸型的表格横排时，页码位置与公文其他页码保持一致，单页码表头在订口一边，双页码表头在切口一边。

9 公文中计量单位、标点符号和数字的用法

公文中计量单位的用法应当符合 GB 3100、GB 3101 和 GB 3102(所有部分)，标点符号的用法应当符合 GB/T 15834，数字用法应当符合 GB/T 15835。

10 公文的特定格式

10.1 信函格式

发文机关标志使用发文机关全称或者规范化简称，居中排布，上边缘至上页边为 30 mm，推荐使用红色小标宋体字。联合行文时，使用主办机关标志。

发文机关标志下 4 mm 处印一条红色双线(上粗下细)，距下页边 20 mm 处印一条红色双线(上细下粗)，线长均为 170 mm，居中排布。

如需标注份号、密级和保密期限、紧急程度，应当顶格居版心左边缘编排在第一条红色双线下，按照份号、密级和保密期限、紧急程度的顺序自上而下分行排列，第一个要素与该线的距离为 3 号汉字高度的 7/8。

发文字号顶格居版心右边缘编排在第一条红色双线下，与该线的距离为 3 号汉字高度的 7/8。

标题居中编排，与其上最后一个要素相距二行。

第二条红色双线上一行如有文字，与该线的距离为 3 号汉字高度的 7/8。

首页不显示页码。

版记不加印发机关和印发日期、分隔线，位于公文最后一面版心内最下方。

10.2 命令(令)格式

发文机关标志由发文机关全称加"命令"或"令"字组成，居中排布，上边缘至版心上边缘为 20 mm，推荐使用红色小标宋体字。

发文机关标志下空二行居中编排令号，令号下空二行编排正文。

签发人职务、签名章和成文日期的编排见 7.3.5.3。

10.3 纪要格式

纪要标志由"×××××纪要"组成，居中排布，上边缘至版心上边缘为 35 mm，推荐使用红色小标宋体字。

标注出席人员名单，一般用 3 号黑体字，在正文或附件说明下空一行左空二字编排"出席"二字，后标全角冒号，冒号后用 3 号仿宋体字标注出席人单位、姓名，回行时与冒号后的首字对齐。

标注请假和列席人员名单，除依次另起一行并将"出席"二字改为"请假"或"列席"外，编排方法同出席人员名单。

纪要格式可以根据实际制定。

11 式样

A4 型公文用纸页边及版心尺寸见附图 1；公文首页版式见附图 2；联合行文公文首页版式 1 见附图 3；联合行文公文首页版式 2 见附图 4；公文末页版式 1 见附图 5；公文末页版式 2 见附图 6；联合行文公文末页版式 1 见附图 7；联合行文公文末页版式 2 见附图 8；附件说明页版式见附图 9；带附件公文末页版式见附图 10；信函格式首页版式见附图 11；命令(令)格式首页版式见附图 12。

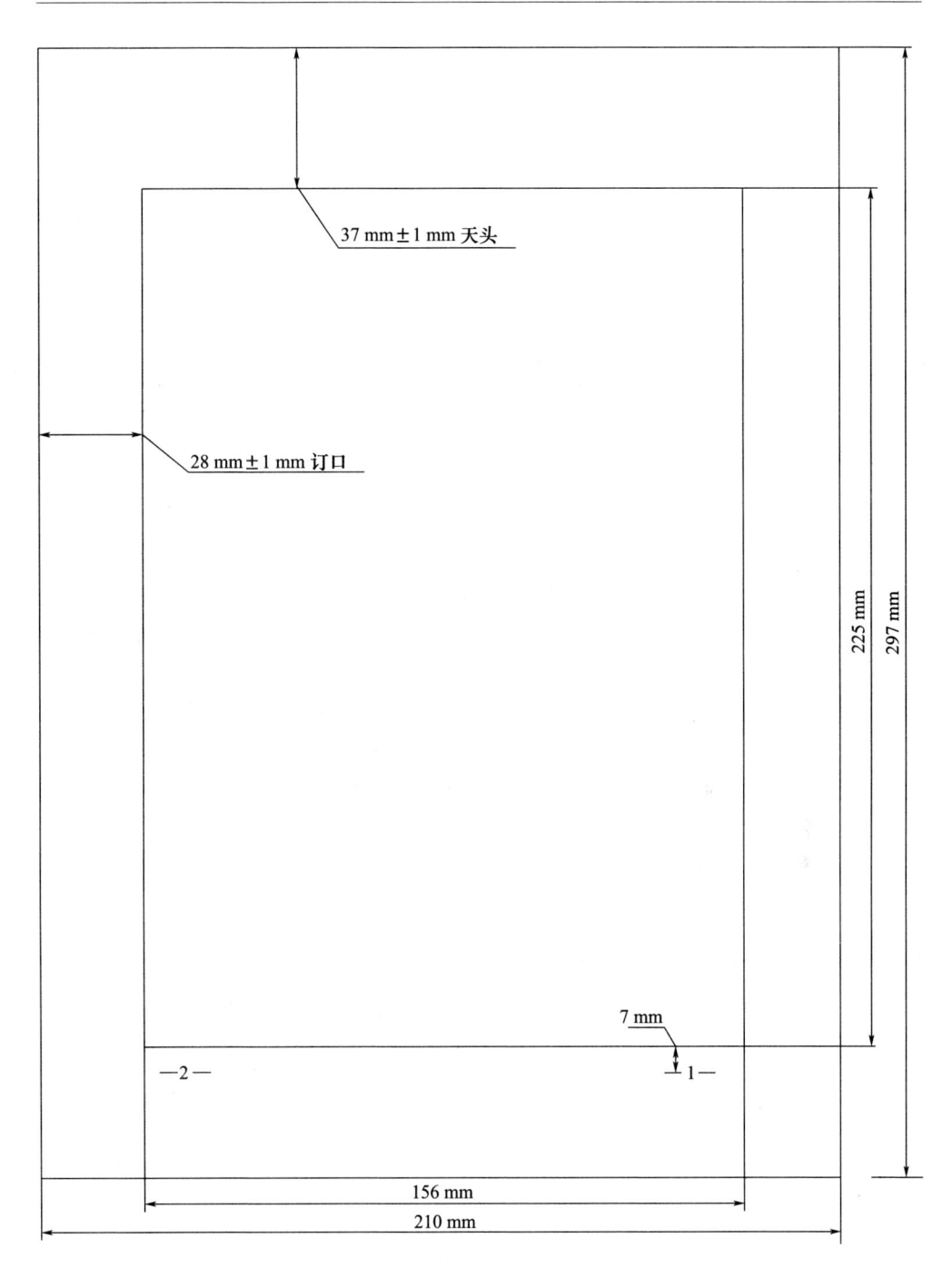

附录 B 《党政机关公文格式》(GB/T 9704—2012)

附图 1　A4 型公文用纸页边及版心尺寸

```
┌─────────────────────────────────────────┐
│ 000001                                  │
│ 机密★1年                                 │
│ 特急                                     │
│                                         │
│           ×××××文件                     │
│                                         │
│          ×××〔2012〕10号                 │
└─────────────────────────────────────────┘

        ×××××关于××××××的通知

×××××××:
    ×××××××××××××××××××××××
×××××××××××××××××××××××××××
×××××××××××××××××××××××××××
××××。
    ××××××××××××××××××××××××
××××××××××。
    ×××××××××××××。
    ×××××。××××××××××××××××
×××××××××××××××××××××××××××
×××××××××××××××××××××××××××

                              — 1 —
```

附图2　公文首页版式

注：版心实线框仅为示意，在印制公文时并不印出。

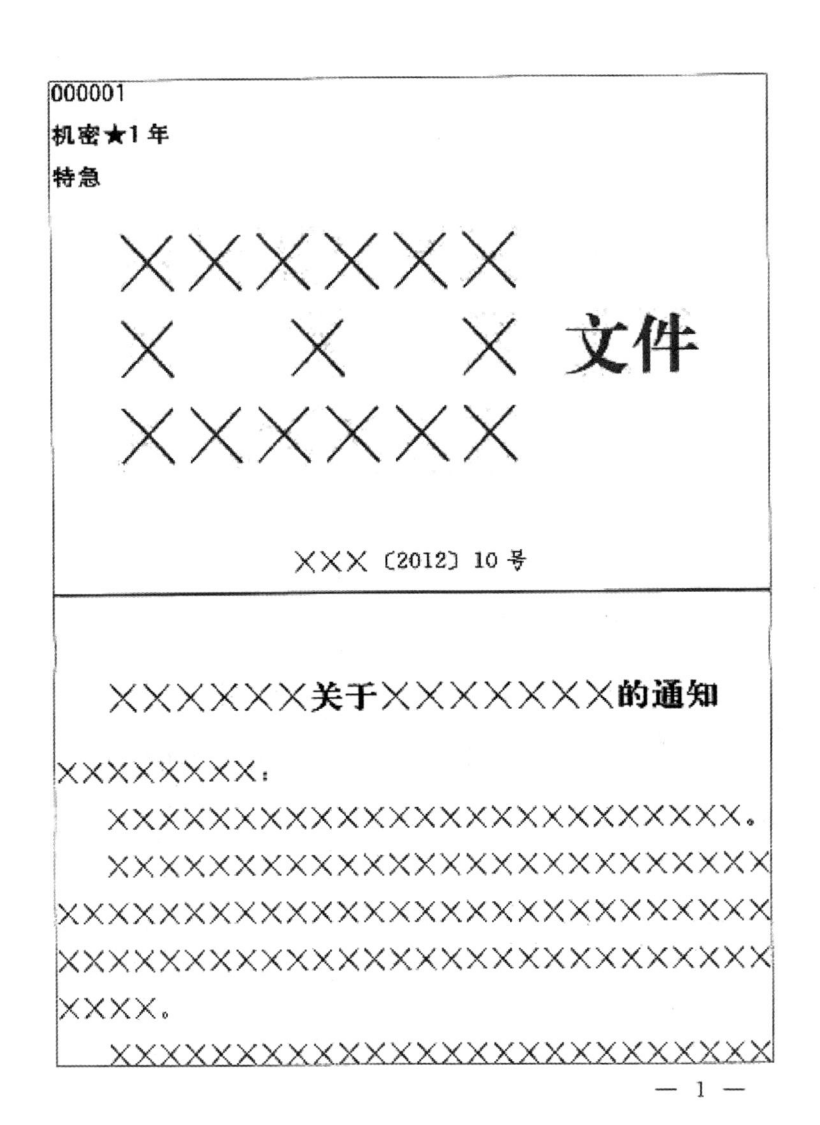

附录B 《党政机关公文格式》(GB/T 9704—2012)

附图3 联合行文公文首页版式1
注：版心实线框仅为示意，在印制公文时并不印出。

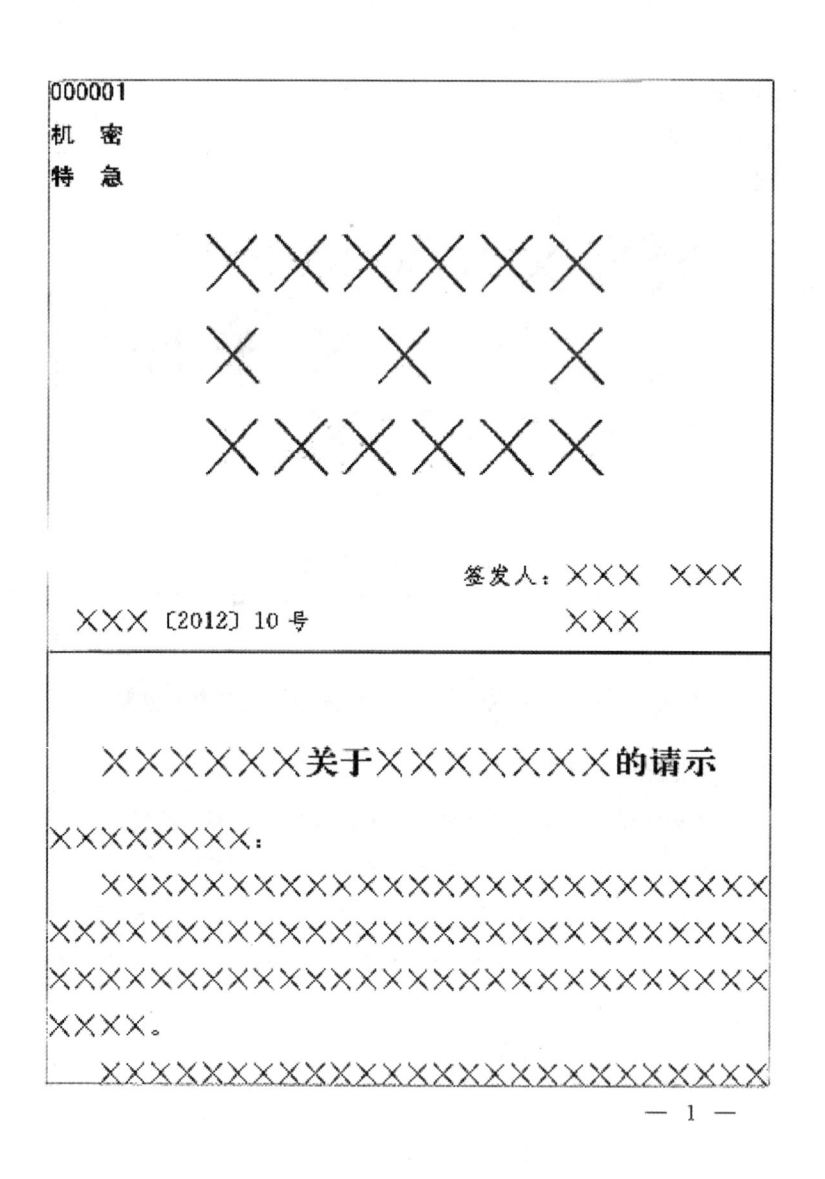

附图4　联合行文公文首页版式2

注：版心实线框仅为示意，在印制公文时并不印出。

附录 B 《党政机关公文格式》(GB/T 9704—2012)

×××××××××××××××。
　　×××。

（×××××）

抄送：×××××××，××××××，×××××，×××××，
　　×××××。

×××××××× 　　　　　　　　　2012年7月1日印发

— 2 —

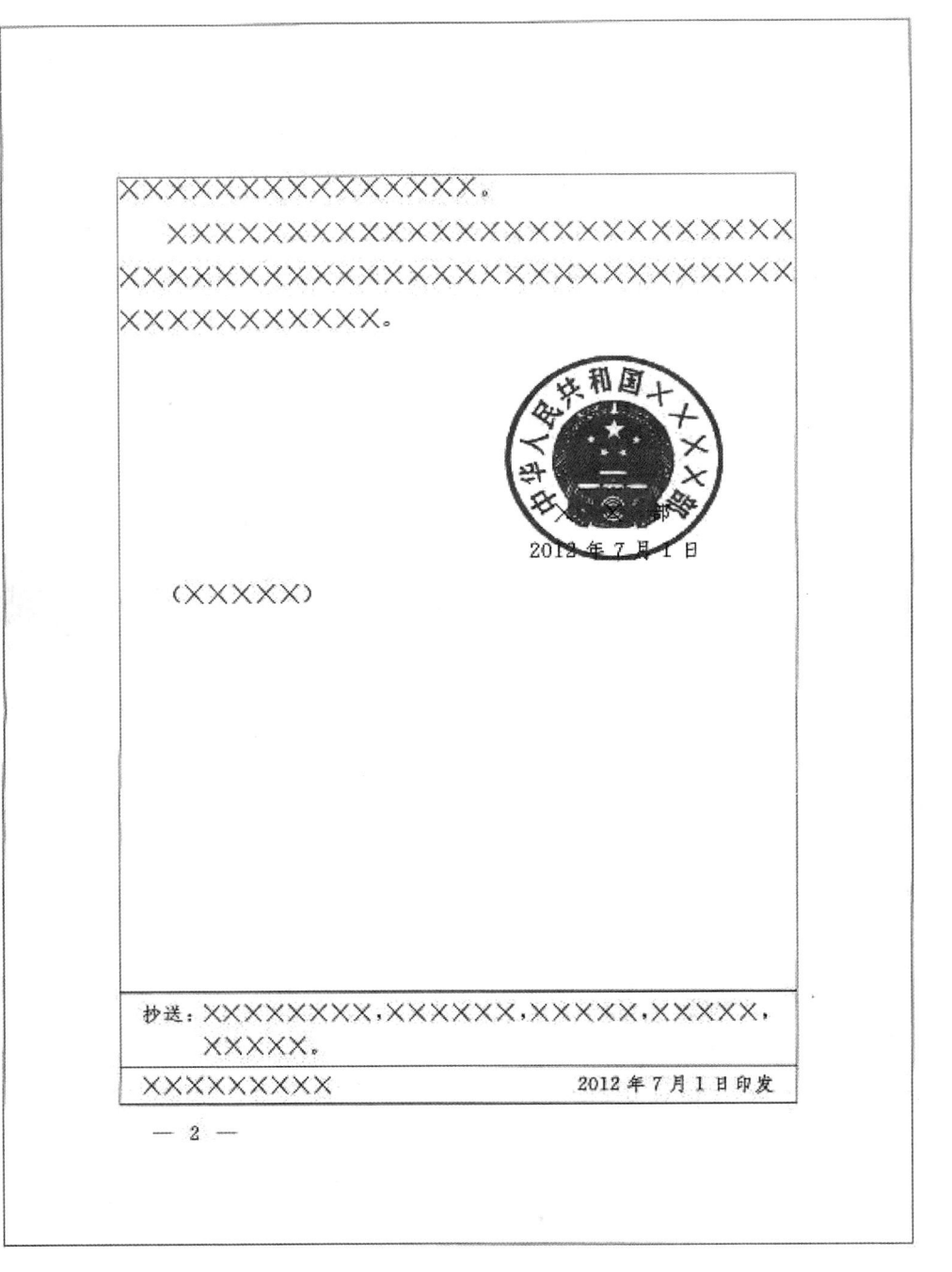

附图 5　公文末页版式 1
注：版心实线框仅为示意，在印制公文时并不印出。

XXXXXXXXXXXXXXX。

XXXXXXXXXXXXXXXXXXXXXXXXXXXXXXXXXXXXXXXXXXXXXXXXXXXXXXXXXXX。

XXXXXXXXXXXX

2012年7月1日

(XXXXX)

抄送:XXXXXXXX,XXXXXX,XXXXX,XXXXX,XXXXX。

XXXXXXXXX　　2012年7月1日印发

— 2 —

附图6　公文末页版式2

注:版心实线框仅为示意,在印制公文时并不印出。

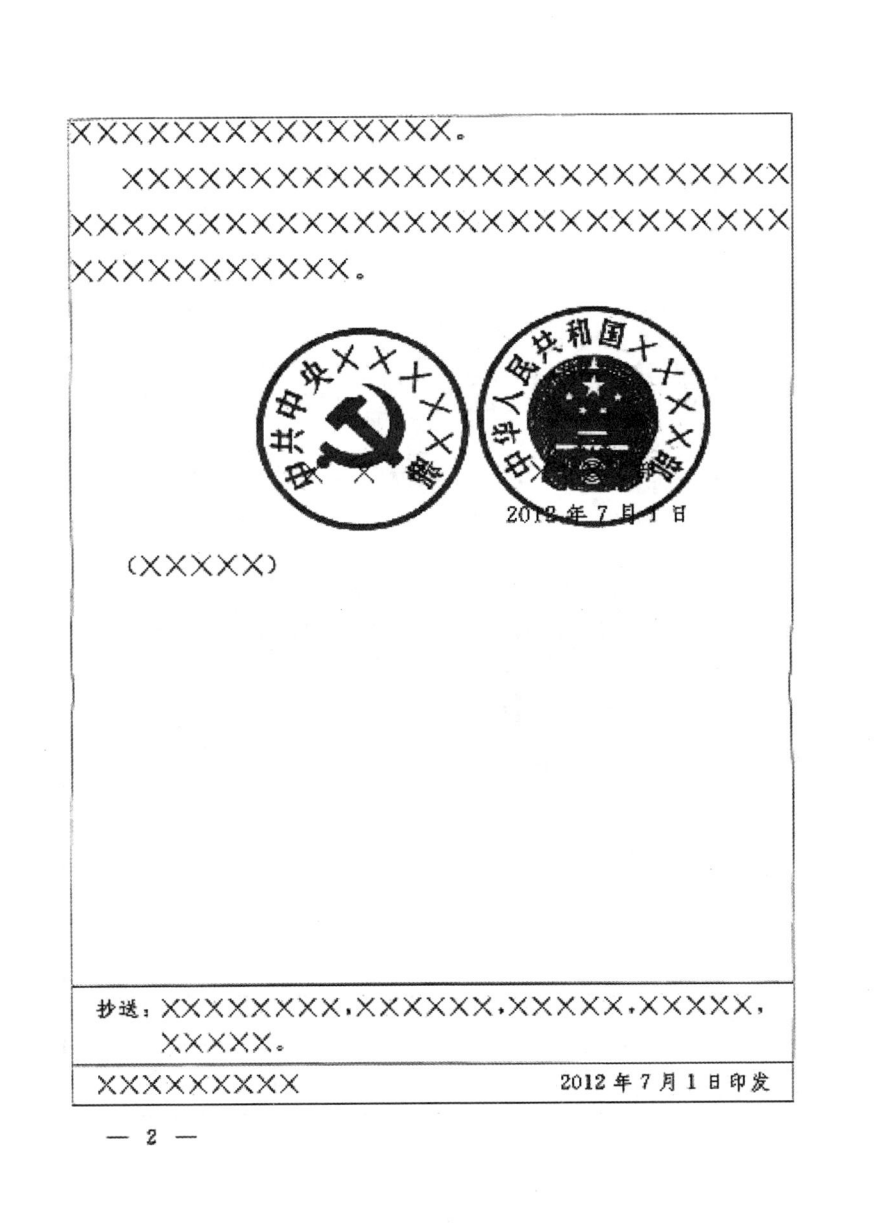

附图7 联合行文公文末页版式1
注：版心实线框仅为示意，在印制公文时并不印出。

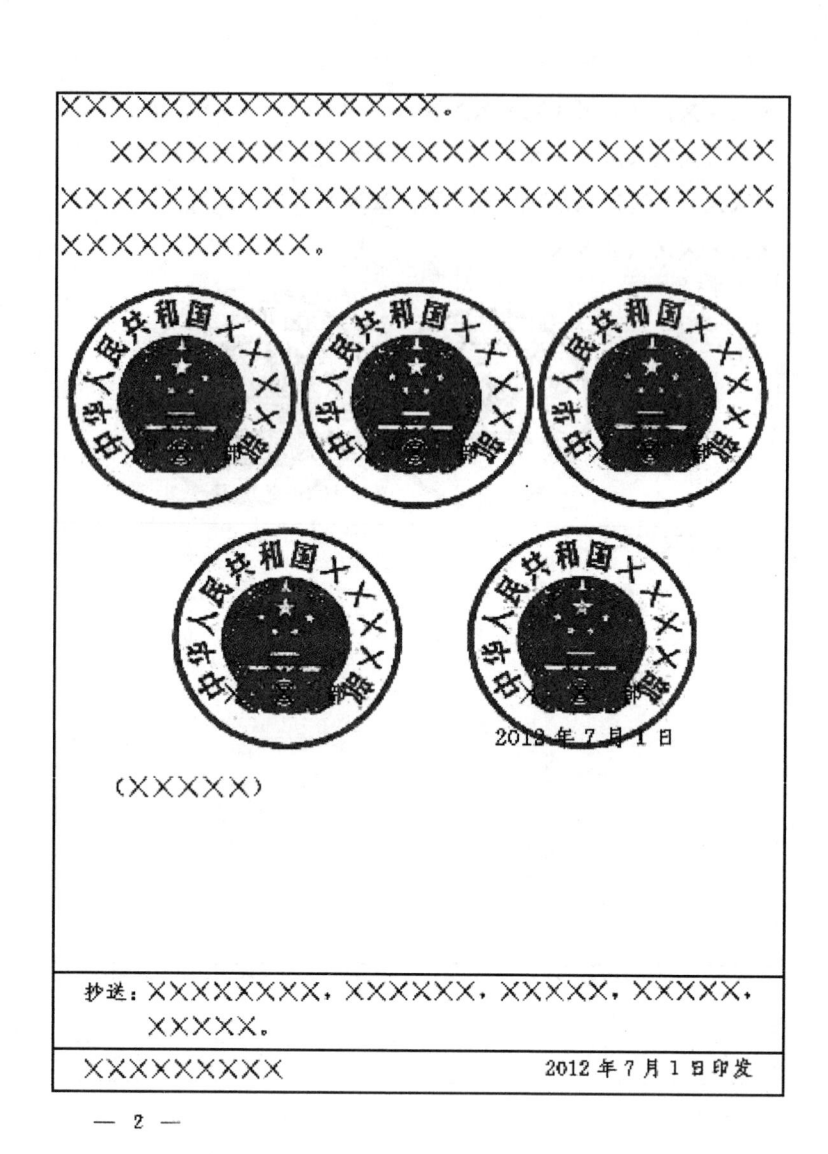

附图8　联合行文公文末页版式2
注：版心实线框仅为示意，在印制公文时并不印出。

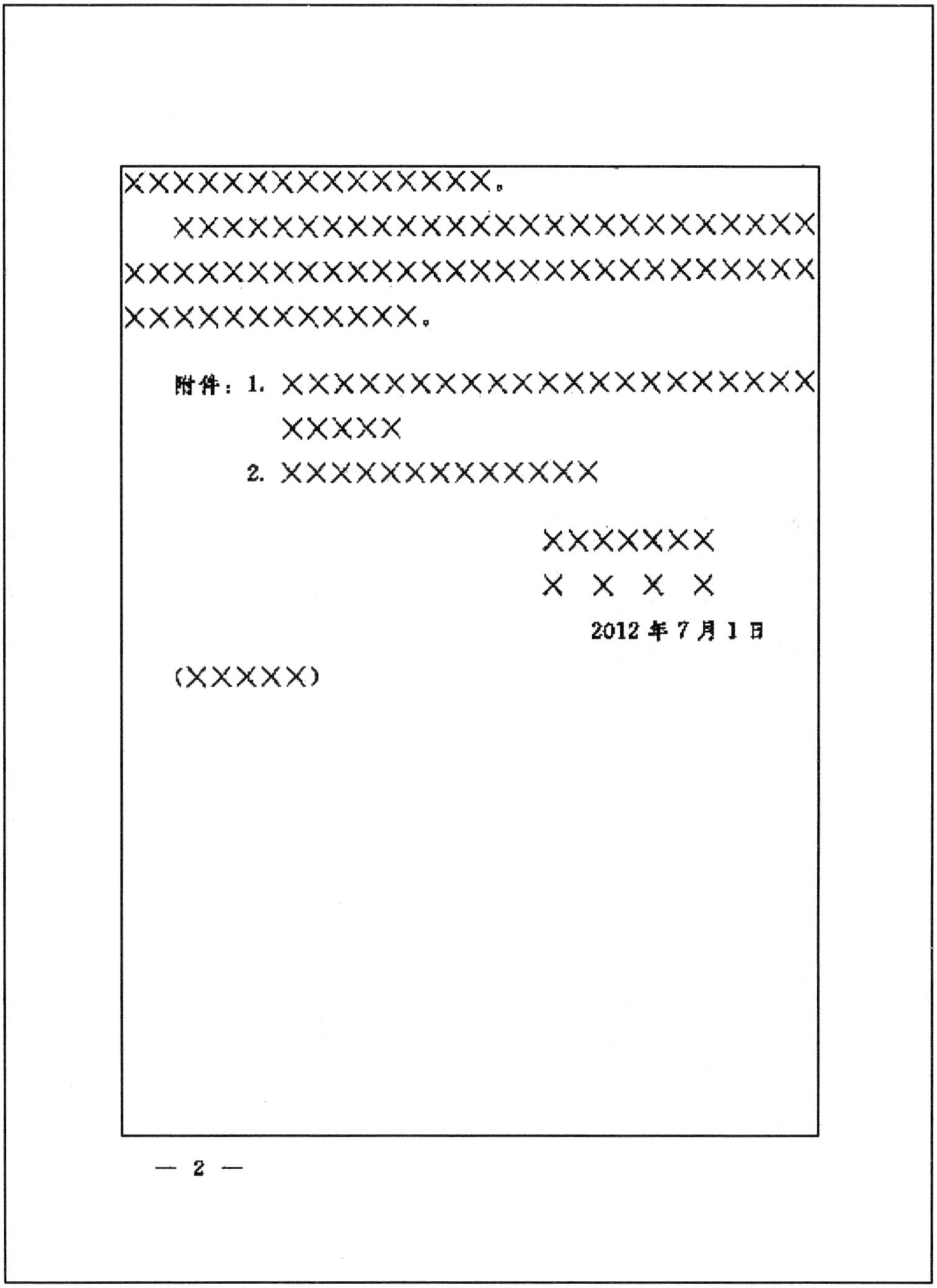
XXXXXXXXXXXXXXX。

XXXXXXXXXXXXXXXXXXXXXXXXXXX
XXXXXXXXXXXXXXXXXXXXXXXXXXX
XXXXXXXXXXXXX。

附件：1. XXXXXXXXXXXXXXXXXXXXX
XXXXX
2. XXXXXXXXXXXXX

XXXXXXX
X X X X
2012年7月1日

(XXXXX)

— 2 —

附图9 附件说明页版式

注：版心实线框仅为示意，在印制公文时并不印出。

附图10 带附件公文末页版式
注:版心实线框仅为示意,在印制公文时并不印出。

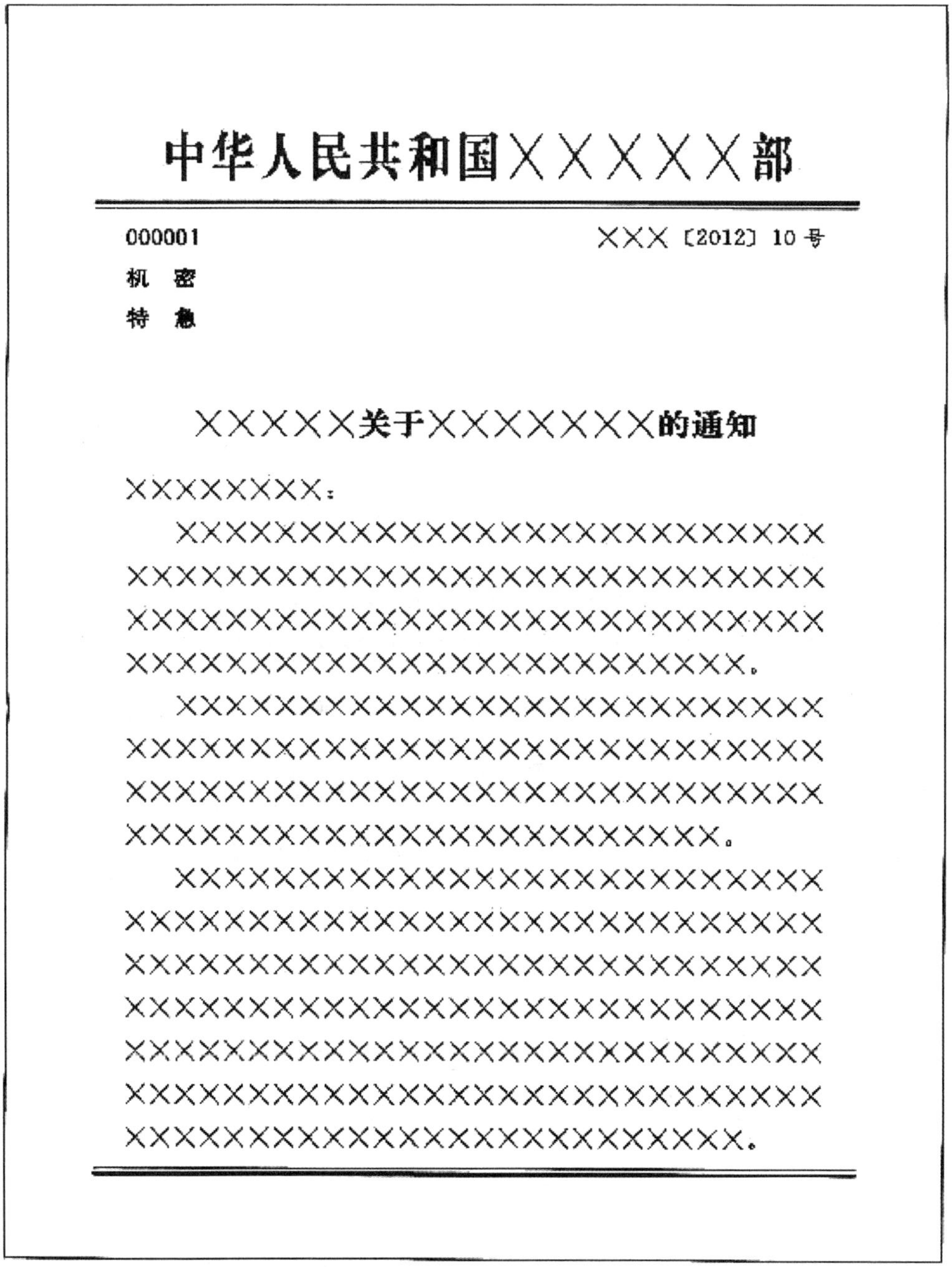

附录B 《党政机关公文格式》(GB/T 9704—2012)

中华人民共和国×××××部

000001　　　　　　　　　　　　　×××〔2012〕10号

机　密

特　急

×××××关于×××××××的通知

×××××××××：

　　×××。

　　×××。

　　×××。

附图11　信函格式首页版式

注：版心实线框仅为示意，在印制公文时并不印出。

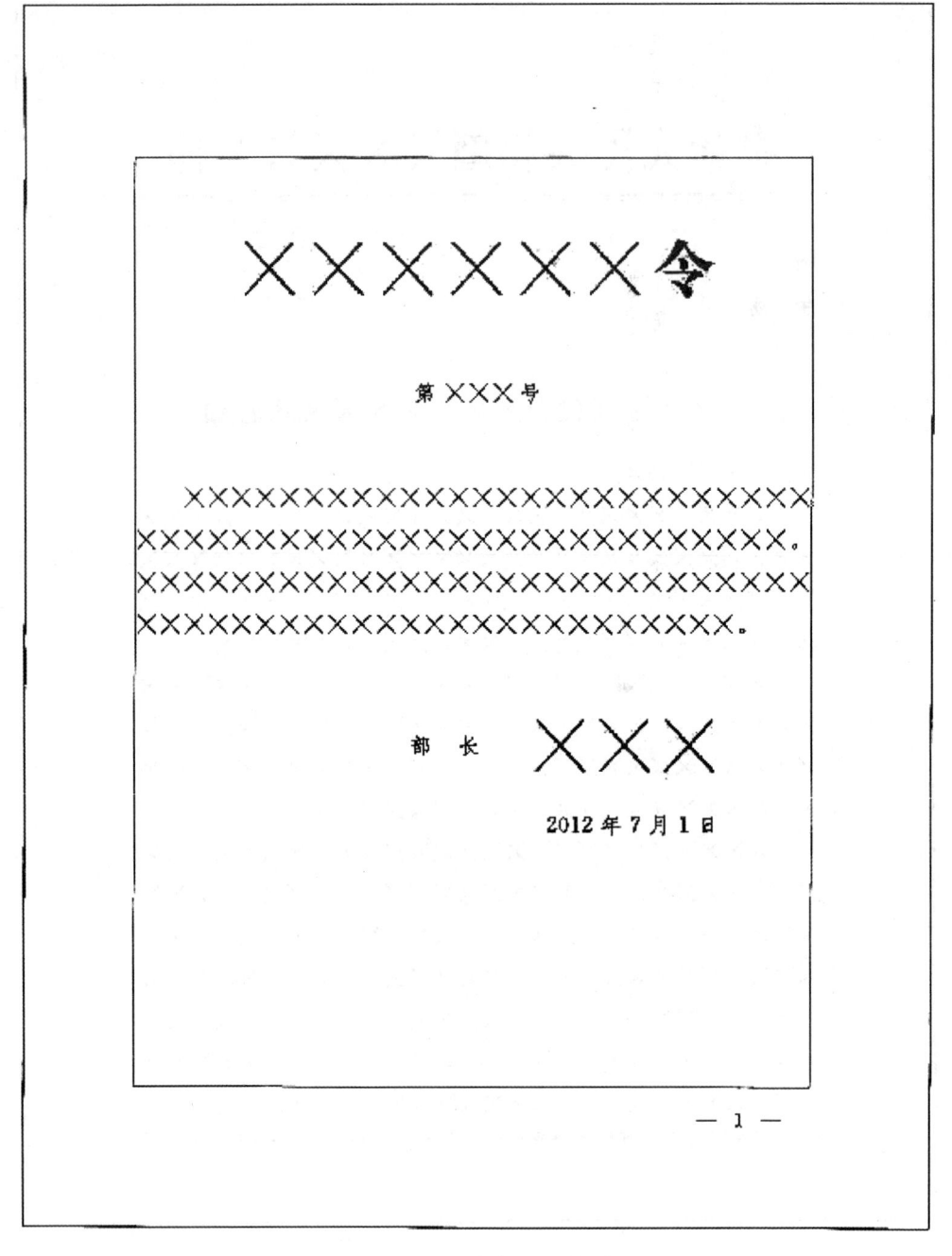

附图12　命令(令)格式首页版式
注：版心实线框仅为示意，在印制公文时并不印出。